ビジネスマンのための

「発想力」養成講座

論理的思考力だけでは生き残れない

経営コンサルタント
小宮一慶

はじめに

『ビジネスマンのための「発見力」養成講座』からスタートしたこのシリーズも、本書で、ちょうど一〇冊目になりました。本書のテーマは「発想力」ですが、それでは、「発見力」と「発想力」はどう違うのか？　まずは、そこからお話ししましょう。

ひとことでいえば、インプットとアウトプットの違いです。

「発見力」が、あるものをどう見るか、というインプットの能力であるのに対し、「発想力」では、インプットをベースにしながら、どうアウトプットするかを問うていきます。そのアウトプットの原点となる能力が「発想力」です。

そして、ビジネスマンには、この「発想力」が非常に重要です。結果・実績（アウトプット）によって評価されるのがビジネスの世界ですから、アイデアをなんらかの成果物（レポート・企画書・商品・サービスなど）としてアウトプットしなければ、それも、そのアウトプットを見る人が「すごい！」と思うようなものでなければ、十分な評価も、リターンもありません。そして、そもそも、そのアイデアを思いつかないことにはどうにもなりません。それが、「発想力」です。

他の人が思いつかないようなアイデアを思いつき、そしてそれを実際のアウトプットに変えていく力が「発想力」なのです。

もっといえば、単なるアイデアではなく、他者と違うユニークさを持ち、さらには、実行可能な具体性も持つものを本書では「発想力」と定義しています。つまり、

「発想力」とは、ユニークでかつ実行可能なアイデアです。

そして、それが評価され、ビジネスとして成功するというものでなければ、単なるアイデア倒れで、ここでいう「発想力」とはいえません。

成功するアイデアを生む力が「発想力」なのです。

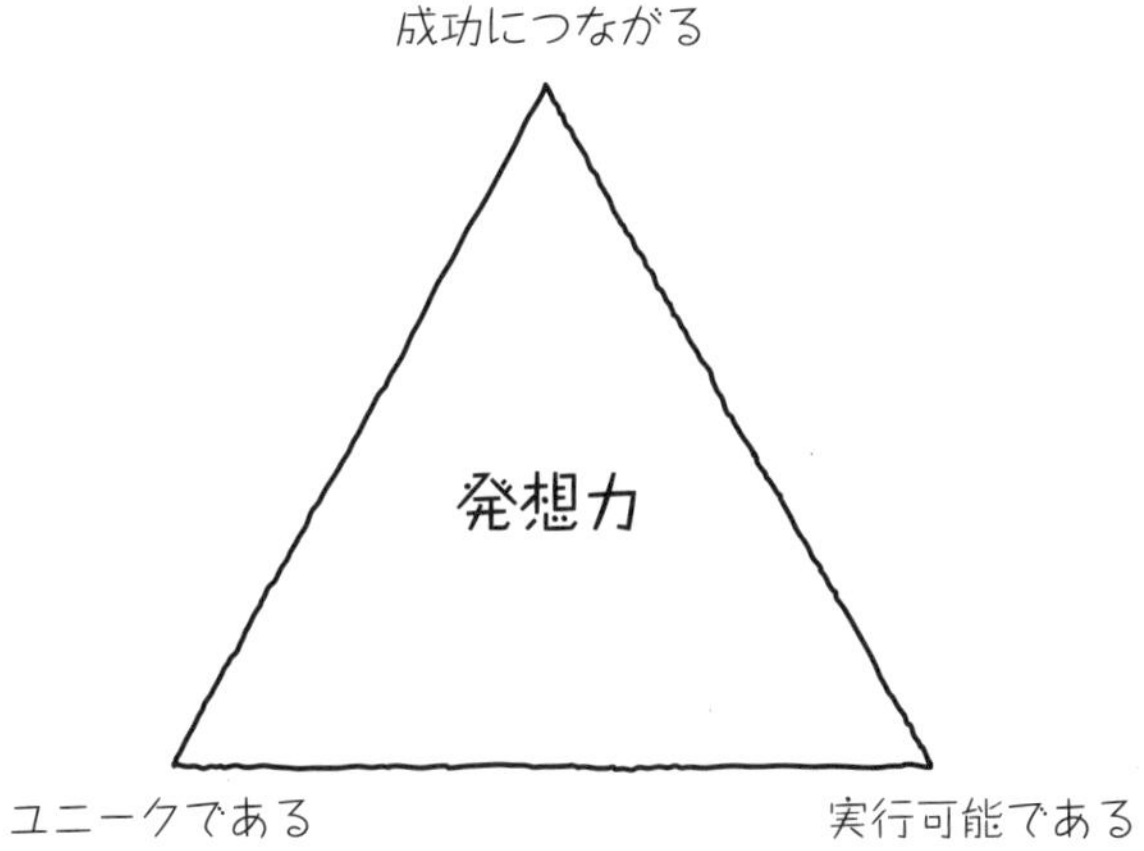
成功につながる
発想力
ユニークである
実行可能である

成功者は、「発想力」からビジネスを広げる

世のなかには、すごいなぁ、どこからそういう発想が出てくるのだろう、と圧倒させられてしまう人がたくさんいます。たとえば、わたしの高校の先輩にあたるフルタイムシステムの原さんがそうです。

マンションやオフィスビルに、不在時の宅配便受け取りができるロッカーシステムが完備されていることがありますが、それを三〇年以上前に日本で最初に始めたのが、原さんです。現在、そうした宅配ロッカー市場のシェアの七〇%を占めているそうです。

確かに、仕事を持つ女性も増えたいま、なかなか平日の日中に宅配便を受け取ることはできません。できてしまえば当たり前のサービスに思えますが、最初にそれを思いつき、そして、全国に広げてしまったのだからすごい。

どこからその発想が生まれてきたのか？

もともと原さんは、ビルやマンションの総合メンテナンス会社を経営していました。マ

ンションやビルの管理業務ならびに清掃や管理人の派遣を請け負う会社です。元来、大きく差別化しにくい業務ですので、その分、競争が非常に激しい業界です。そんななか、派遣している管理人から、マンションの住人から宅配便で届くお中元やお歳暮の品を預かってくれという依頼が非常に多い、ということを耳にした原さん。すぐに管理人室で預かりサービスをはじめたところ、いつまでたっても取りにきてくれなかったり、受け渡しのために外に出していた荷物がなくなってしまったり、といろいろなトラブルが起こりました。それなら、それをビジネスにできないか？　と、全国のマンションへのロッカーの設置事業を始めた、というわけです。三〇数年前のことです。

住人にとってのロッカーの利便性は言うまでもありませんが、マンションの管理会社からすれば管理人さんを煩わせることが減るし、宅配便業者からすれば再配達のコストが減る。まさに、WIN-WIN-WINのビジネス！「フルタイムロッカー」という商標で、いまでは全国二万五〇〇〇カ所に設置され、そのフルタイムロッカーがついていることがマンションのステータスともなっているそうです。

仕組みは、宅配便業者が、ロッカーの前面にあるタッチパネルにて操作を行うとロッカーが開き、荷物を入れて閉めると受領証が自動的に発行される、といったもので、東京、大阪に設置したＦＴＳコントロールセンターで、全国すべてのロッカーを遠隔管理、操作しています。初期の設置費用の他、毎月の管理料をいただき、それをメンテナンスフィーに充てる、といったビジネスモデルだそうです。当初は、本人のハンコがなければ受け取れなかった書留も、郵政省や総務省と交渉を続けた結果、受け取り可能になりました。

新しいビジネスが生まれるところには、必ず追従業者が現れますが、原さんのすごいところは、ひとつところにとどまらず、常に新しいビジネスを発想していくことです。フルタイムロッカーの普及と運営のなかで需要を見いだして始めたのが、マンションの住人内での自転車と自動車の共有システムでした。

まず、マンションの人たち専用で、電動アシスト付き自転車のバッテリーと鍵をロッカーから貸し出し、シェアして利用できるようにしました。その延長線上で、今度は、電気自動車をインターネットで申し込み、共有してつかう仕組みをつくりました。駐車場は決まっていて、ふだん充電はそこでしておけるわけですし、住人の使用にかぎられるわけですから、住人は安心してつかえます。いまニューヨークなどで流行っている自動車の共有システム（カーシェアリング）を、いちはやくフルタイムロッカー設置マンションで始めたわけです。

原さんは現在七〇歳ぐらいで、ここまででもすごいのですが、その「発想力」はとどまることを知らないようで、さらに今度は、北海道の帯広郊外の清水町というところに農業法人をつくってしまいました。それだけ聞くと、まったく別のことを始めたかのように思うかもしれませんが、それも、宅配ロッカーからの発想でした。

最近は、健康志向の高まりもあって、新鮮で安全な食品を食べたい、子どもに食べさせたい、そのために近所のスーパーではなく生協や宅配専用の業者から食品を届けてもらう、という人が増えていて、マンションの宅配ロッカーもよくその受け取りにつかわれていました。ならば、いっそ自社のロッカー設置マンションの住人向けに、新鮮で安心な野菜をつくって届ける事業を始めたらどうだろう！　と思いついたわけです。規制緩和政策で、法律上はだれでも農業法人をつくって、農業を始めることができるようになったわけですし！

土地は、大規模農業ができる北海道の帯広近辺にしました。ところが、準備の段階で、大きな壁にぶつかります。株式会社が農業を行うことは理論上はだれでもやれます。ただし、その前提として、「農業委員会」というのが認めれば、ということがあったのです。

逆にいえば、地域の農業委員会が認めなければ、農業法人はつくれません。そして、この農業委員会というのが、すべてその地域の農業関係の人たちによって成り立っているものだったのです。市町村からは独立した機関となっているので、市町村に働きかけてもムダ。つまり、地元の農家の人たちが認めてくれないと、農業法人の新規参入はできない、というのが現実だったのです。

当然、地元の農家の人たちは大手資本がやってきて、ライバルとなることなど歓迎しませんから、反対します。だから、規制緩和が始まって何年も経つのに、なかなか農業法人は多く生まれないのです（役人というのは、ほんとうに賢いですね。規制緩和をするように見せかけて、実際は規制緩和が起こらないような仕組みにしてしまうのですから。医療にしてもそう。その業界に属する業者も規制する側の省庁・官僚もすべて既得権者ですから、なかなか実質的な規制緩和は進まない。だから「特区」という考え方が出てくるのですが、それでもなかなか規制緩和は進まない。すみません、余談でした）。

では、原さんは、どうやってその壁をクリアし、清水町に農業法人をつくってしまったのでしょうか？　清水町の人たち、農業委員会の人たちを味方につけたからなのですが、では、どうやって？

このあとが、原さんのすごいところです。若いエリートにはなかなか思いつかない方法かもしれません。読者のみなさんなら、どうしますか？

彼が行ったのは、地域の人が喜ぶようなイベントを開催することでした。街コンやAKBのコンサートではありません。彼が連れてきたのは、相撲の巡業でした。横綱以下多くの力士を、帯広郊外の清水町に連れてきたのです。

その他、町のお祭り用の御輿の修繕費の寄付もしました。とにかく地域全体の活性化に役立ちそうなことに尽力し、そうやって彼らのなかに入り込んでいったのです。いまでは、町長さんも含め、町中の人と大の仲良しだそうです。

この面倒見の良さというか、相手が喜びそうなことを見抜いて豪快にふるまってしまえることも、原さんのすごさです。

原さんは、大学を出たあと、世界中をずっとぐるぐる回り、その後、自分でビジネスを始めたとのこと。この二年間で二回、ホワイトハウスのパーティに招待され、オバマ大統領にも会っているそうです。世のなかには、わたしたちが知らないだけで、すごい人、面

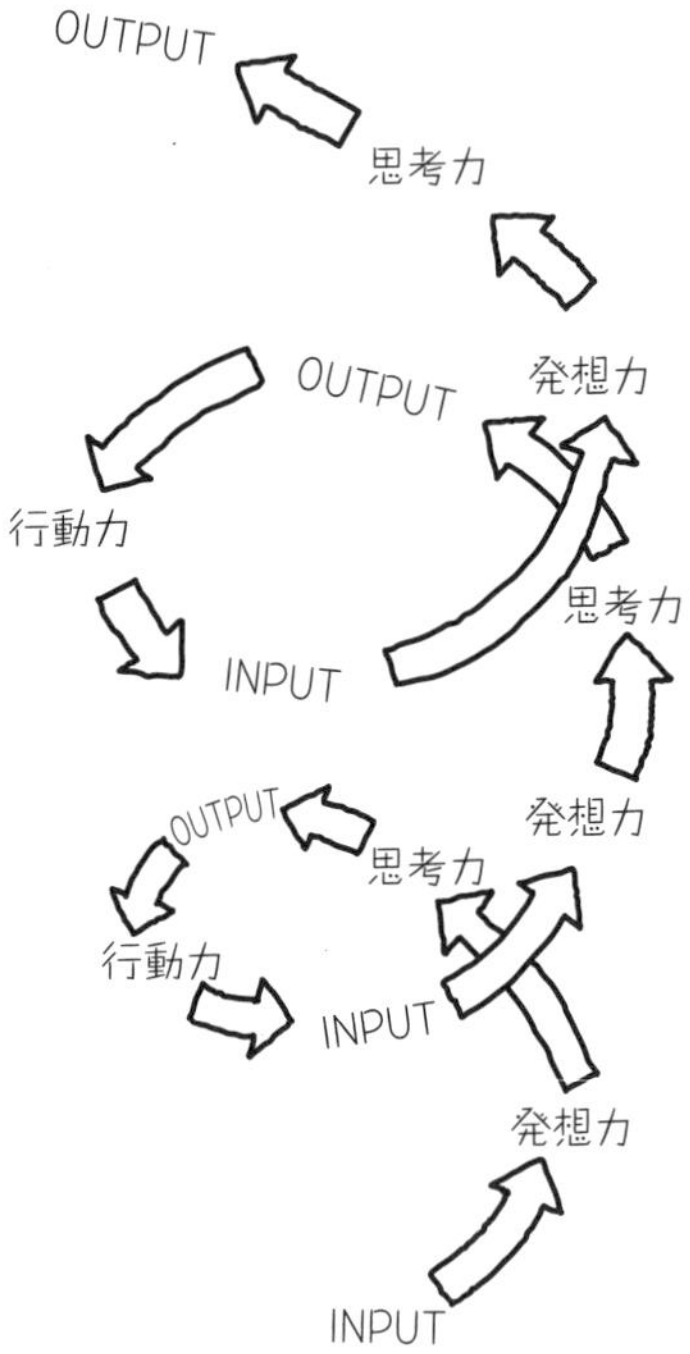
OUTPUT
思考力
発想力
OUTPUT
行動力
INPUT
思考力
発想力
OUTPUT
思考力
行動力
INPUT
発想力
INPUT

白い人がたくさんいるものだと、つくづく思います。

この行動力も、原さんの発想力の源泉になっていると思います。**行動力によりインプットが増え、そのインプットがアウトプットの元となり、それを実行することで、さらに新たな機会が得られ、それがさらに、新たなインプットとなる、**という好循環が生まれているわけです。

そして、**ビジネスに必要なのは、彼のように、最初に「発想力」、そしてそれを形にする戦略を練る「思考力」、そして「実行力」「行動力」**だと思います。これらがうまく循環して、素晴らしい結果が得られるのです。成功者に共通するのは、そのすべてを備えていることです。

ビジネスマンの付加価値を生む「発想力」

原さんのような実業家ではない、ふつうの会社員であっても、いまの自分の仕事のなかで、「発想力」を発揮している人はたくさんいます。たとえば、かれこれ二〇年ほどのおつき合いになる、テレビ東京の岡さん。テレビ東京ビジネスオンデマンドのPRなどで、いつも面白い企画を思いつくアイデアマンであり、やり手です。先日は、「経済でキレイになる」というイベントを行うからと、登壇を依頼されました。

その一回目は、テレビ東京の秋元玲奈アナウンサーといっしょに、iPhone6の発売に合わせ、きれいに撮れるカメラアプリについてのガールズトークにコメントする、というのがわたしの役回りでした。そもそもは、ウェブ版の番組の視聴者に三〇歳前後の女性を呼び込もうというもので、同じ顧客層を狙っているメーカー企業や女性向けのファッション誌・情報誌も協力企業として巻き込んでの企画でした。この他に、大学におもむき、学生を呼ぶイベントも行いました。岡さんは、その他にも番組や映画の企画、プロデュースなども行っており、文字どおり「発想力」でどんどんアウトプットしています。

テレビ東京は、経済番組を比較的多く持ち、オンデマンドによる有料配信にも積極的です。最終的には、三〇代のキャリアウーマンたちをそちらに誘導したい、ということでしょう。

テレビ局のお話が続きますが、もうひとつ、「発想力」の例をお話ししましょう。

わたしはいま、大阪の毎日放送で「おとな会」という番組に毎週出演しています。わたしのお客さまがスポンサーをしてくださり、仲の良い上泉雄一アナウンサーとわたしがレギュラーで出演し、ゲストを交えて、いろんなもののちょっと深い部分や、なかなかユニークなアイデアなどを紹介する番組です。この本でも、その番組で学んだユニークなアイデアを紹介している部分が少なからずあります。

先日の収録でも、ユニークな発想で成功している広島球場の紹介がありました。広島球場には、なんと、寝そべりながら試合を観る観客席があったり、バーベキューをしながら観ることのできる席や、なかには、子どもを目の前で遊ばせながら観戦できる席もあるとのこと。通常の球場では見られないユニークな観客席が数多く用意されているのです。

それでは、なぜ広島球場はこのような多種類の席を用意しているのでしょうか？　逆にいえば、東京ドームや甲子園球場ではなぜ、そこまでしていないのでしょうか？

それには、広島の人口が大きく影響しています。東京や大阪では、球場まで比較的簡単にアクセスできる人の数は、近隣県まで含めると、千万人の単位になるのに対し、広島ではせいぜい数百万人、広島市内だけだと一一〇万人程度です。広島球場の観客動員数を増やすには、熱烈なカープファンだけでなく、一般の市民の方にも年に何度も足を運んでもらわなければならない。そのために、野球を楽しむだけでなく、球場の施設や席そのものも楽しめるように工夫する必要がある。多種多様な席はその一環だったのです。

また、新幹線からも見えるように、わざと球場の一部をカットしてもいます。新球場に移転する際に、自分たちの置かれている環境を綿密に分析したうえで、ユニークな球場に仕上げたとのことです。その際、アメリカの大都会にあるメジャーリーグの球場ではなく、あえて地方のマイナーリーグの球場を研究しに行ったとも聞きました。

本文でも説明しますが、**他者を真似ることやアイデアを参考にすることも、発想力にはとても大事**なことです。なにも、すべてをゼロから自分オリジナルで考え出す必要はないのです。他者のやったことをベースに、自分の地域や実情に合わせることが有効な場合も少なくありません。

「発想力」は単なる論理の組み立てとは違う

最初にお話ししたように、ビジネスにおいては結果がすべてです。**ビジネスマンはアウトプットでのみ評価されます。**アウトプットされないかぎり、付加価値を世に生み出すことはできません。それも、質が高く、それを受け取った人に評価されるようなアウトプットが要求されるわけです。

そして、評価される、つまり価値の高いアウトプットというのは、ユニークな発想に基づくものです。パターン化された〈インプット↓アウトプット〉なら、コンピュータに勝てっこありません。記憶したことを右から左に出すようなアウトプットでは、もはや通用しません。

単なる記憶よりはもう少しレベルアップして、論理的に組み立てていく方法もあります。戦略系コンサルティング会社が得意な方法ですね。論理的思考力のレベルは人によって異なりますので、それに優れることによって、他と差別化できるアウトプットを生み出すことができるかもしれません。けれども、先にあげた原さんのような超ユニークな「発想力」を持つ経営者のアウトプットには、おそらくかなわないでしょう。もともとの着想が違うからです。

というより、そうした論理を重ねていく過程でも、実は、「発想力」が問われているのです。優れた戦略、企画には、どこかで通常の定型化された論理の展開を超える発想の転換があるものです。「発想力」は、単なる論理の組み立てとは少し違うのです（その証拠に、いわゆる頭の良い人がどんどん面白い発想をするわけではありません。むしろ、逆だったりしますね）。

もちろん、論理的には思考していますが、それまでパターン化されていないようなアイデア、まさに「発想」が、それもその人の頭の中には実現可能な形で現れ、そしてそれを実現していくわけです。原さんやテレビ東京の岡さんにはそれができるのです。

「発想力」も「論理的思考力」同様、鍛えられる

重要なのは、「発想力」。すなわち、他の人が思いつかないような、そしてなおかつ実現可能なことをいかに思いつくか？　です。それも、次々に。呼吸するように。

では、その「発想力」はどのように生まれてきて、どうすれば鍛えられるのか？

本書は、その身近でありながら大きな課題に、わたしなりに挑むものです。

これまで接してきた多くの経営者や優れたビジネスマンの方々に共通するものや、わたし自身の体験から、ビジネスマンのための「発想力」の養成法として、まとめてみたものです。

第1章では、まず、「発想力」とはなにか、その定義について、
第2章では、「発想力」を生み出す基本について、
第3章では、「発想力」を阻害する代表的な要因について、
第4章では、「発想力」養成のための習慣について、
お話ししていきます。

といっておきながら、最初に申し上げておくと、正確には、「発想力」と「論理的思考力」が組み合わさったとき、鬼に金棒となります。垂直思考と水平思考の組み合わせ、といってもいいかもしれません。成功者は、その両方を持っています。あるいは、それぞれに優れた人と二人でチームを組んでいます。

このうち、本書では、「発想力」を取り上げるわけです。論理的思考力については、い

ろいろな本で語り尽くされてはいますが、わたしも、『ビジネスマンのための「解決力」養成講座』というのを以前書きましたので、ご興味のある方は、ご覧いただければと思います。

論理的思考力には、さまざまなセオリーがあって、もちろん、持って生まれたものもありますが、勉強して練習すればかなり身につけることができます。しかし、「発想力」は、創造力やセンスのようなもので、生まれつき、もしくは、若いうちに決まってしまうもので、なかなか鍛えるのはむずかしい、と考えられがちです。

確かに、いつもユニークなことを思いつく発想力豊かな人もいれば、いつも杓子定規な考え方をする頭の硬い人もいます。けれども、わたしは、「発想力」というのも「発見力」同様、訓練である程度鍛えることができるものだと確信しています。

そして、鍛えられる程度のものは、だれもが鍛え、身につけていくべきだと思います。

本書をそのテキストとしていただければ幸いです。

小宮一慶

●──目次

はじめに

第1章◉「発想力」とはなにか？──27

第2章◉「発想力」を鍛える12の原則――73

第1章

「発想力」とはなにか？

脳の中のデータベースの引き出し

「発想力」というのは、言い換えれば、「ひらめき」です。はっきり言えるのは、どんなに発想力豊かに見える人、ひらめきの天才だとしても、けっしてゼロからなにかを生み出しているわけではない、ということです。

なにか課題が生まれたとき、その解を、頭の中にインプットされ蓄積されている情報のデータベースから引き出しているだけです。あるいは、引き出しの中にある情報を論理的思考により変形してアウトプットしているだけです。ただ、「発想力」の豊かな人というのは、出してくるものがふつうと違う、つまりユニークなのです。

『ビジネスマンのための「発見力」養成講座』のときにも書きましたが、わたしは、脳の中にはデータベースの引き出しがたくさんある、というイメージでとらえています。引き出しにはラベルが貼ってあって、中には、そのラベルに分類されたデータが整理されて収まっているわけです。そして、刺激を受けると、その刺激に沿った引き出しが開いて、

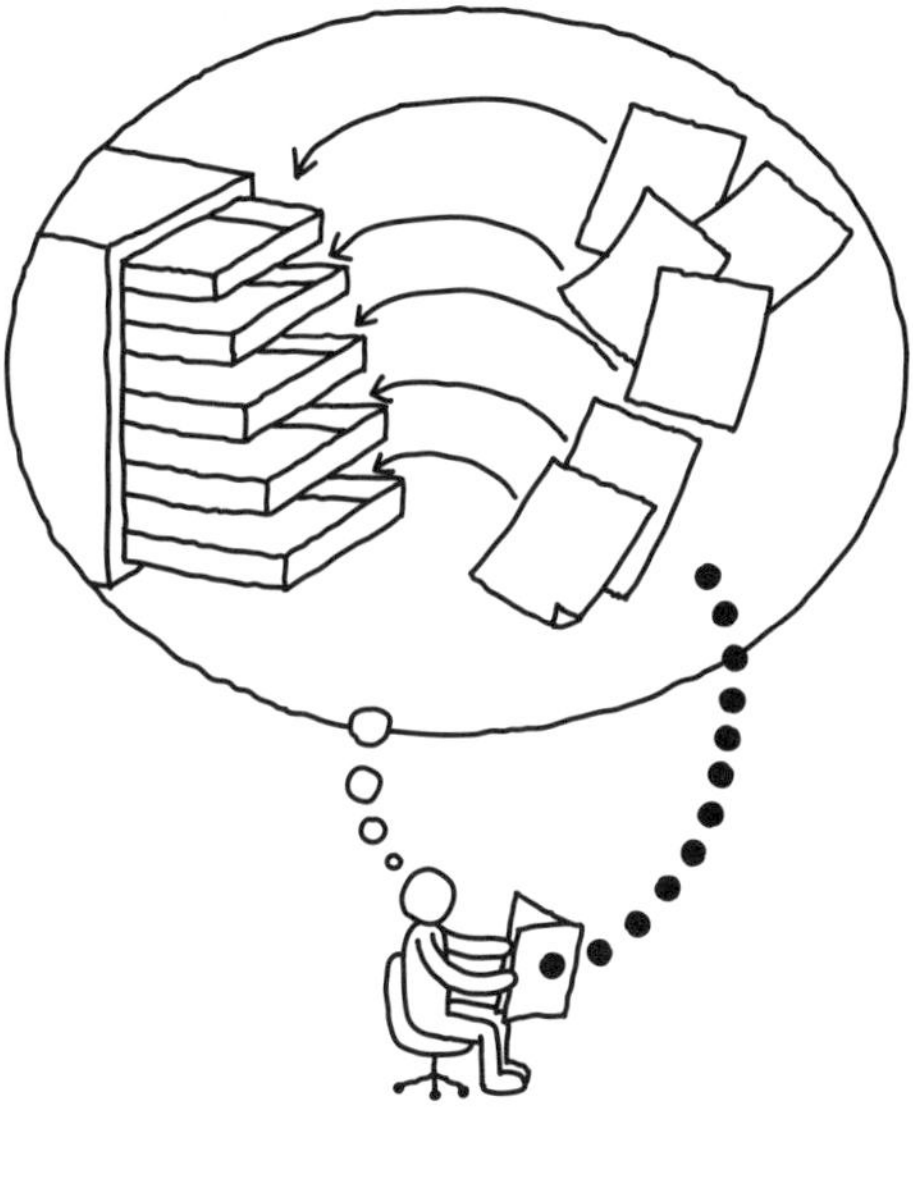

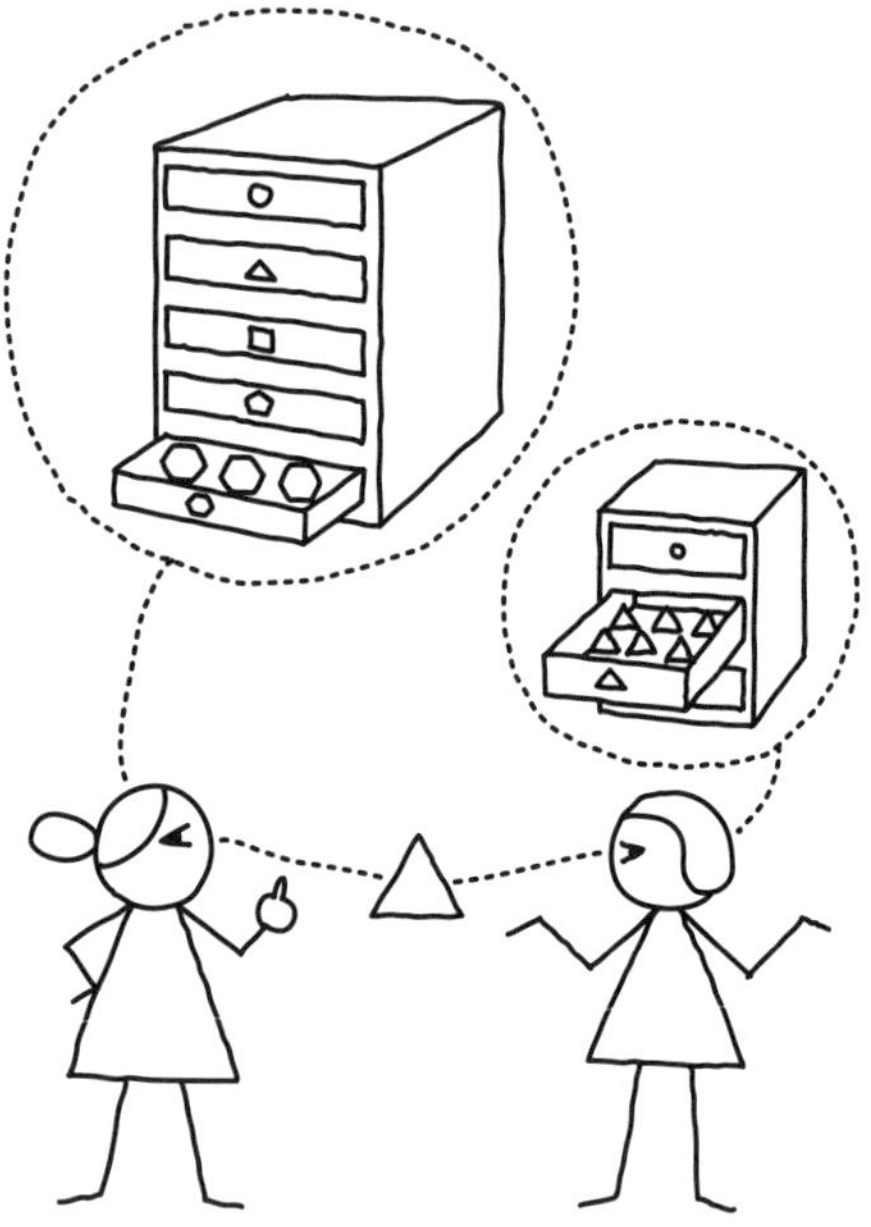

素晴らしいひらめきをする人　　ふつうの人

情報を引き出すことができる、そんなイメージです。

ここで、ある刺激に対して、通常とは異なる引き出しがいきなり開いてしまうことがあります。そのとき、思いもかけない発想、ひらめきが生まれます。**素晴らしいひらめきをする人というのは、多くの場合、ふつうの人とは違う引き出しを開く人のことです。**

その引き出しをどうつくり、どのように中身を整理し、そして、なにかそれと一見関係なさそうな刺激があったときに、その引き出しを開き、中身を取り出せるか？

が、発想の原点だと考えています。

先ほどの原さんの例でいえば、そもそもビルメンテナンスの会社が、いくら都会の人の野菜の宅配需要に気がついたとしても（そもそも、たいていそのことに気づかないものではありますが）、自社で農業法人をつくろうとは思わない。思ったとしても、農業委員会なるものによって事実上規制されていると分かるや、ツテを頼りコネを使って政治家や役人に働きかけるなどの「正攻法」で攻め込もうとするでしょう。

そこを、原さんは、相撲の巡業という思いもかけない方法で地元農家の懐に飛び込んだわけです。ふつうの人には、とうてい開けられない引き出しを開いてみせたわけです。

関心の幅を広げる

ただ、この場合も、相撲の巡業というデータがもともと頭の中にあったからこそできたことであって、まったく相撲を知らない、あるいは、相撲部屋が地方巡業というものをするという仕組みを知らなかったら、開けようにも、そもそも引き出しやその中身がないわけですから、無理だったはずです。

そういう意味では、いろいろな情報を、常にインプットしているというのが大前提です。

最近は、ムダなことはできるだけしない、触れる情報は少なく、厳選して、効率的に、といった風潮があるようですが、データベースの領域はできるだけ広いほうがいい。**関心は、広く、かつ深いほうがいい。**

もっというと『ビジネスマンのための「発見力」養成講座』にも書きましたが、**「関心」のないことはそもそも見えない**、というところから考えていかなければなりません（関心のないことは「７－ＥＬＥＶＥｎ」の最後の「ｎ」が小文字であるのが、なかなか見えないように、何万回見ていても見えないものなのです）。

つまり、**関心の幅を広げて、引き出しを多くする**。引き出しはできるだけたくさんあったほうがいい。そのほうがもちろん、選択肢が広がります。

引き出しの数も中身も充実させる

だからデータ「ベース」なのですが、その中身が「活性化」されていないときには、引き出しも開かないし、中身も出てきません。ちょうど、たくさんのものを持っている人が、引き出しの中身が分からなくなっているのと同じ状態です。

引き出しの中身が、きちんと整理され、中身が分かっていれば、その引き出しからアウトプットとして取り出すときに混乱することはありませんし、開く引き出しが、刺激に対

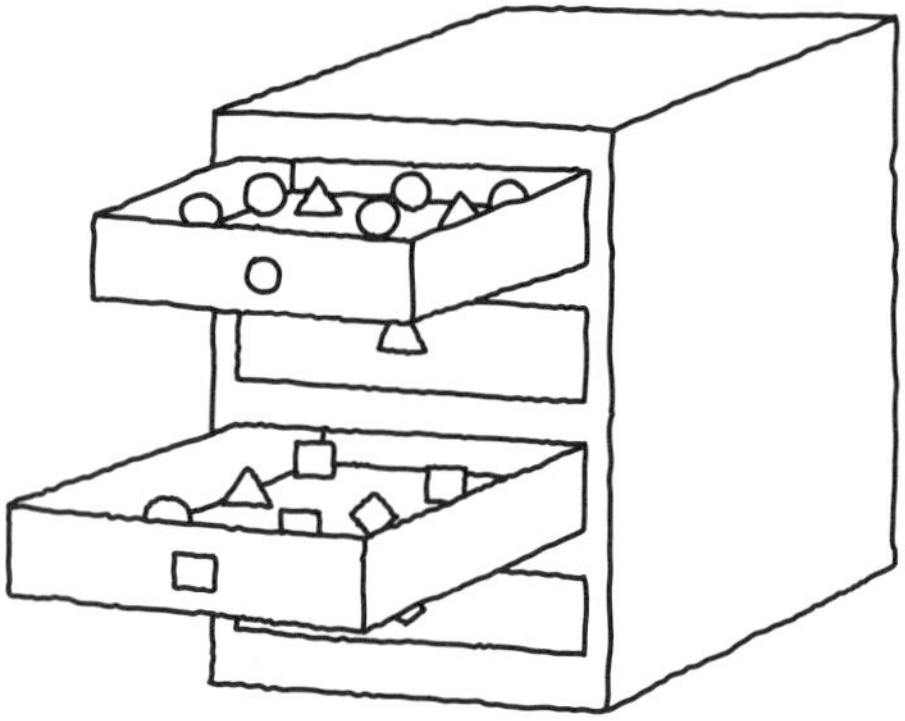

引き出しが整理されていないと
アウトプットとして取り出すときに混乱する

して異質な組み合わせとなる可能性が高まります。つまり他の人と違う「発想」となるわけです。

そのためには、関心の幅を広げることによって引き出しを増やし、そして、その引き出しの中身を充実させ、常に活性化していく必要があります。

そうすることで、関心を持ったことに対しては、「関心のフック」というものが生まれ、それに情報がどんどんひっかかってくることが分かると思います。関心のないものは見えないけれど、関心があれば、それに関連するものは見えるようになるからです。好きな人がいたら、その人のことを気にするのと同じです。

ただし、そのフックにひっかかってくる**情報の「精度」と「鮮度」が重要**です。せっかく引き出しができても、**間違ったものを入れてしまうと、間違った発想が生まれます。**

情報の精度とは、その情報が十分に正しいということ、少なくとも間違っていないということです。鮮度というのは、最新である、少なくとも古くなっていないということです。

精度を高めるためには、情報源が大切です。ネット上の情報にはあてにならないものも少なくありません。ネットを活用するなら情報の一番の大元、たとえば政府のデータベースなどを確認することです。少なくとも、信用できる新聞社などの記事や信用できる人が書いた本などに基づくべきです。

さらには、実際に見てみることが必要な場合もあります。しかし、実際に見る場合でも、往々にして、自分の都合のいいように物事を見てしまうものだということを忘れてはいけません。

わたしも含めて、人は、少なからず、自分の都合の良いように物事を見がちです。たとえば、同じ事象をとらえても、産経新聞と朝日新聞では、一八〇度違う論調が出るようなものです。

何事も、多面的に見る、もっというと、常に「この見方以外にも見方があるのではないか」という気持ちで見ることが必要です。「自分の見方が絶対」などと思って物事を見ていると、一面しか見ていないことが少なくないのです。見えていないと思っていると、見えるのです。

鮮度ということについては、もともとは正しかったことも、時間が経つにつれて古くなってしまっていることもあります。統計などはそうですね。ですから、精度とともに、鮮度も確かめなければなりません。

鮮度を保つためには、新たな情報が頭の中の引き出しに入り、それが、以前の情報と入れ替わることが必要ですが、その大前提もやはり「関心」です。関心があれば、それまで関心のなかった新しい物事が頭の中の引き出しをつくり、それに収納されますが、すでに引き出しがあることに関しては、データなどの情報が入れ替わっていきます。

常に「この引き出しでほんとうにいいのかな？」を考える

引き出しの中身については、ある程度ご理解いただけたものと思います。では、そのインプットとして持っている引き出しの中の情報に関して、どうしたら、通常とは異なる引き出しを開くことができるのでしょうか？　言い換えれば、人と違う発想はどこから生まれるかということです。

そのひとつの方法が、

常に常識を疑うこと。「これでほんとうにいいのかな？」と考えることです。

たとえば、いま、ガソリンの値段が下がっていて、みんなは良いことだと言っていますが、ほんとうにそうなのでしょうか？

確かに短期的には良いのでしょうが、長期的に見ると、わたしは必ずしも手放しでは喜べないと思っています。

なぜだと思いますか？　この状況に一番頭を抱えているのは、だれでしょうか？

経済通なら、お分かりですね。そう、インフレ率二％を目指している日銀の黒田総裁です。二〇一四年秋のいわゆる「異次元緩和」第二弾で、せっかくインフレ率二％に弾みをつけようと思ったのに、この原油安で吹き飛んでしまいました。

彼がなぜそこまで、インフレ率二％にこだわっているかというと、実は、彼が意図しているのは、実際のインフレ率というより「期待インフレ率」。つまり、人々が、いま買わないと値上がりするから、いまのうちに買っておこう、と考えて消費行動を起こすようになるのに必要なインフレ率。人々が共通して持つ「このぐらい値上がりするだろう」という「期待」のインフレ率なのです（「期待」というより「予想」というイメージではありますが）。

民主党政権時代は、「インフレ目標」は一％に設定していましたが、その結果、物価は下落し、「いま買わないと値上がりするから買っておこう」ではなく、「もう少し待てば下がるから、あとにしよう」、あるいは「いつでも値段は変わらないから、また今度にしよう」といった状況に消費者マインドがなっていた。その結果、業者は売れないから値下げ競争に走る。すると、消費者は、ますますもっと安くなるのを待つため買い控える、といった具合にデフレが進んでしまいました。このままデフレスパイラルに陥ったらどうしよう！日銀・政府としては、それをもっとも恐れているわけです。

だから、一％ではだめだ、期待インフレ率二％にしなければ！そのためには手段を選ばない！と、「黒田バズーカ砲」を二度も発射したのです。なのに、それが、原油安でパーになってしまうかもしれないのです。

このように、わたしの場合、「原油安」という事象に対し、「日銀の政策」という引き出しが開けば、「異次元緩和」や「期待インフレ率」といった情報が反応するのです。

次のひらめきのためには、単にガソリンが安くなったと喜んでいるだけではなく、その**理由を調べる**ことが必要です。「ところで、なぜ現在の原油安が起こっているのだろうか？」こういう思考法をすることにより、頭の中のデータベースが整理されていくのです。

自身の頭の中のデータベースが、整理され、活性化するためには、常に「より深く」考えることが大切なのです。

いまここで説明している原油価格下落のお話を、もう少し掘り下げてみますね。その前にひとこと申し添えておきます。もし原油安の理由が分かっていれば、いつ価格が元に戻るのか、とんでもない値段に値上がりすることはないのか？ といったことについての仮説を持つことができます。原油の価格にまったく影響を受けない業種というものは、ほとんどありませんから、経営者としてはもちろん、ビジネスマンとしても必ず持っていなければならない視点です（マクロ経済の話は、頭の訓練にとても良いとわたしは思っています。なにせ、「変数」が多いので、頭の中のデータベースが整理、拡充されるうえに、論理的思考力が鍛えられます。「日経ＢＰネット」で毎週、マクロ経済についての連載をしていますから、もし、ご興味があれば、頭の体操としてお読みください）。

より深く考えることで、頭の中のデータベースを常に整理・活性化させておく

さて、現在の原油安の原因について考える前に、そもそも世界の原油三大供給国はどこか知らなければ話は始まりません。この際、「地理」や「国際情勢」の引き出しが役立ちます。もし、その引き出しがないのなら調べればいいでしょう。良い機会かもしれません。それにより、ご自身の引き出しが増え、中身が充実します。

一位サウジアラビア、これはすぐ分かりますね。二位ロシア。これはどうでしょうか？問題は三位です。意外と、これを知らないビジネスマンが多いように感じますが、アメリ

カなんです。

さて、昨今の原油安には、最大の産油国であり、かつOPECの中心であるサウジアラビアの意志が強く働いています。

アメリカでは近年、シェールガスの開発が進み、もはや中東の原油に頼らなくてもいいのではないかという空気が生まれてきています。アメリカの中東に対する関心の薄れ、これは、超親米国サウジアラビアにとってはもっとも避けたいことです。アメリカが関心を失えば、それでなくても不安定な中東情勢がさらに不安定になることは明らかだからです。それを阻止するには、原油価格をどさっと下げて、シェールガスの開発を遅らせる、断念させる必要があったのです。

アラブの春など政治的に不安定な状態が続く中東情勢のなかで、サウジアラビアが現在の平和と王政を保っていられるのは、アメリカの中東地域に対する影響力がきいているからです。アメリカの後ろ盾なしには、いまの体制の維持はむずかしい。重ねて、昨今の「イスラム国」の勢力拡大が不安に輪をかけています。

さらに、サウジアラビアの宿敵イランの後ろ盾は、ロシアです。原油の輸出によって近年増してきたロシアの力をそぐこと。それも原油価格を下げた目的でした。こちらはアメリカの思惑とも一致しました。

こうして、二〇一四年七月には一バーレル約一〇〇ドルだった原油は、わずか半年程度で五〇ドル台にまで下落した、というわけです。


と、「発想力」の本としては、ここまででも良いのかもしれませんが、もう少しだけ、経済の話におつき合いください。

問題は、こうした原因で起こっている原油安が、いつまで続くかです。

要するに、いまお話ししたような原油安の前提がいつ崩れるのか?

まず、イスラム国については、アメリカによる彼らの石油基地の発掘現場に対する攻撃などによって、若干弱体化しているようですが、まだまだどうなるかは予断を許しません。

もし、イスラム国が崩壊するにせよ、後退するにせよ、そういうことがあれば、原油価格が戻り始める要因になります。

サウジアラビアにおける原油価格の採算ラインは、一バーレル一〇ドルだといわれています。まだまだ価格に余裕があるわけですが、いずれ枯渇するかぎられた資源なので、五〇ドルより一〇〇ドルで売ったほうがいいに決まっています。いつまでも、いまの五〇ドルが続くとは思えない。OPECにはベネズエラのように経済的に苦しい国もありますから、低価格があまり長く続くことは、OPECの結束にも関わります。

さらに、ロシアの問題もあります。ロシアを締め付けすぎると、なにをしでかすか分かりません。そもそも、このたびの「原油安」には、クリミア半島に出てきたロシアに対する制裁の側面もあるのですが、あまりに締め付けると窮鼠《きゅうそ》猫を噛む。相変わらず強大な軍事力で、ソ連時代と同様の膨張主義を押し出してくるかもしれません。

以上の状況を鑑みて、どのあたりで折り合うかを考えるのです。

そろそろ底が見えてくるのではないでしょうか？　二〇ドルなどと言っている方もいるようですが、そこまでいく可能性は低いように思います。

話が「発想力」というテーマそのものからちょっとそれてしまいましたので、この辺で経済のお話はおしまいにしますが、「発想」のためには、頭の中の引き出しの数やその充実度、活性度が重要だということを実感していただけたことと思います。

このように、「発想力」のために必要なことのひとつは、**深掘りして考える**ことです。そのためには、**常に「ほんとうかな？」「これでほんとうにいいのかな？」と一度疑ってみる**ことです。

ただ、別の引き出しを開けるためには、引き出し自体が存在しなければいけません。つまり、いまの例でいえば、日銀の方針とか、原油を取り巻く国際情勢のことを知っていなければならないのです。

そのためには、先に話した**「関心」**が必要です。**さらにいえば、その知識をもとに論理立てて考えていく「思考力」**も必要です。

ただし、いまあげた例について、わたしがすべてを組み立てて考えたわけではありません。個々の情報は、ニューズウィークの日本版、日経新聞に出ているフィナンシャルタイムズのコメントなどの信頼できるメディアをふだんから読んでいれば、そして関心さえあれば、自然に入ってくるものです。

そして、なにか疑問、課題が出てきたときに、「そういえば、あれとこれがつながっているんだったな」と思い出すことで、ユニークな視点、発想を持つことができるのです。

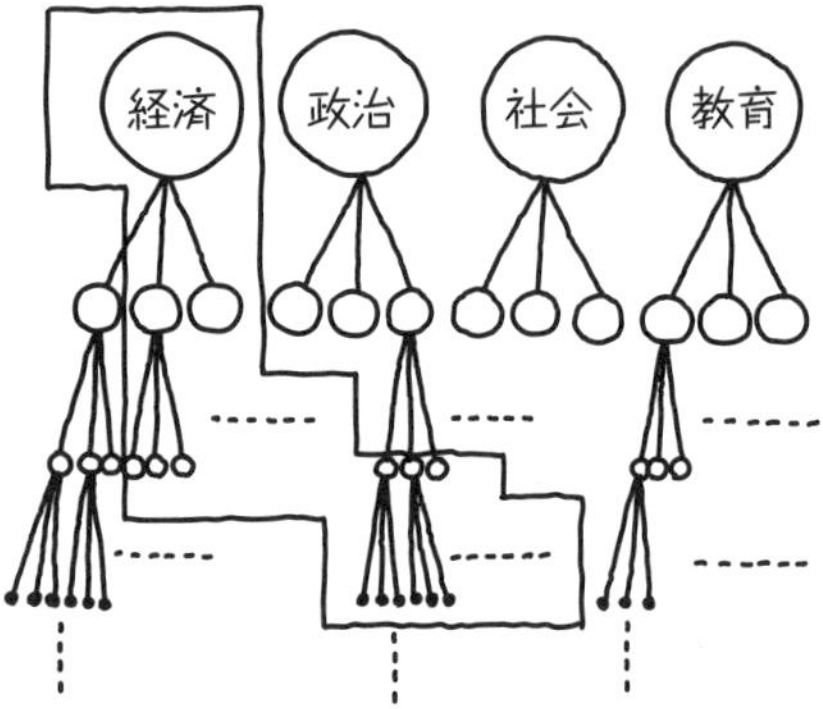

引き出しを広く、深くつなげて考える

逆転させて考える

よく「逆転の発想」といわれますが、「逆転させて考える」ときにも、ユニークな発想が生まれます。

たとえば、ときどき行く大阪の書店さん、座って本が読めるようになっています。当たり前のように思うかもしれませんが、少し前までは、「立ち読みお断り」という貼り紙があるのが本屋さんというものでした。そう思うと、最初に座って本が読めるスペースを考えついた人はすごいと思います。既成の概念にとらわれていたら、できない発想、まさに、「逆転の発想」です。

以前、「麦とろ飯屋」というのが、わたしの事務所の近くにありました。「麦とろ飯」というのは、牛タンがおかずの、とろろをかけたご飯です。お店に行くと、「白いご飯にしますか? 麦ご飯にしますか?」と聞かれます。いまは健康志向なので、多くの人が「麦ご飯」と答えます。

お店にとっては、麦のほうがお米より安いので、低コストですみます。お客さんのほうも麦ご飯のほうが満足度が高い。じつに商売がうまい。これも、「逆転の発想」です。

また、わたしのお客さまで、いま一番伸びている会社に「プリントパック」という印刷会社さんがあります。もともと、製版を中心に少し印刷業務を行っていました。ところが、ご存知のとおり、いまはそうしたものは、みんな自分のところで、パソコンで版下をつくりプリントアウトして仕上げてしまいます。どう考えても、商売はじり貧です。SWOT分析でいえば、パソコンがThreat（脅威）だったわけです。

ところが、この「プリントパック」は、それをOpportunity（好機）に変えました。版下づくりをやめてしまって、手頃な価格の印刷に徹することにしたのです。

どういうことかというと、お客さまに、自分のパソコンでつくった版下データをインターネットを使って送ってもらい、それを印刷して納品する、というビジネスモデルに変えてしまったのです。部数が何万枚にもなる場合、やはり印刷所で印刷したほうがずっと安くできます。製版しないぶん料金を抑え、ハガキ大ぐらいの小さなチラシなら、カラー両面印刷で一円です。

これはまさに、いわば敵であったパソコンを味方にしてしまった「逆転の発想」です。

これにより、印刷不況といわれるなか、同社は、ここ何年も、年率一五から二〇%ずつ売上を伸ばしています。

結果だけ聞くと、たいしたことではないと思うかもしれませんが、当時社長をしていた木村会長に当時のことを聞くと、製版をやめると決めて製版の機械を同業者にあげてしまうときは、まさに不退転の決意だったと言います。そして実際、最初の何年かは、非常に経営的に厳しかったそうです。

まさに、敵を味方にした逆転の発想ですが、**「発想力」とともに、それを実現する「実行力」もまた重要**です。アイデアとともに、それを成功させるための道筋を示し、さらにそれを実行していく力が重要だということです。

お客さま視点が発想を生む

「はじめに」も含めて、いくつかの例をご紹介してきましたが、それらの発想はいったい、どこから生まれるのでしょうか？

多くの人に共通する、「発想力」が豊かになるときというのがあります。それは、同じことをしているのではもうどうしようもないほどに追い込まれたときです。追い詰められれば、なんとかしようと、思いもかけない発想が生まれることがあるものです。けれども、できればそうなる前に、自由に発想したいものです。うまくいっているときも、その先に向けて発想したいですよね。それは、どこから来るのでしょうか？

ここまでにご紹介した、「フルタイムロッカー」の原さん、テレビ東京の岡さん、大阪の本屋さん、「プリントパック」の木村さん、すべてに共通するのは、「お客さま視点」だと思います。

どうやったらお客さまにもっと喜んでもらえるか？　常にそれを考え続けているなかから、思いもかけない「発想」が生まれるのだと思います。それも、並々ならぬ熱心さで考えたところからそうした発想が生まれるのだと思います。

気づきの原点は、問題意識

さまざまなことを知るたびに、世のなかには、知らないことがたくさんあるものだとつくづく思います。先日は、大手椅子メーカーの一部門でつくっている、コンサートホール用の椅子について「おとな会」の番組で知る機会がありました。

コンサートホール用の椅子をつくるときには、二つの留意点があるというのですが、分かりますか?

椅子というとつい、観客の座り心地のことを考えがちです。もちろんそれも重要なのですが、それだけだったら、映画館や演劇の会場、講演会場の椅子に求められることと変わりません。それらとコンサートホールの違いを考える必要があります。

コンサートホールでもっとも重要なのは、音響です。そして、音の反射とか吸収は、椅子の素材に大きく左右されます。同時に、そこには人が座るということも考えなければいけません。そのようなわけで、コンサートホール用の椅子にとって重要な条件のまずひとつは、人が座ったときと空席のときとで、音の反射の具合が同じようになることなのだそうです。

お客さまのいないリハーサルのときと、ホールがお客さまで埋まった本番のときとで音の反響具合が違っていては、演奏者側は困ってしまいます。このため、糸をまず吟味するそうです。人間の身体と同じぐらい音が反響するような糸を選ぶ。すごいですね。

次に色です。映画館だと、グレーとか黒っぽい色が多いと思いますが、コンサートホールでは、赤やオレンジなど比較的鮮やかな色がつかわれます。また、階によって色が違っていたりもします。これは、演奏する人たちの気分が高揚するようにと、考えられてのことだそうです。

同様の工夫として、大阪の新歌舞伎座のカーペットのことも聞きました。新歌舞伎座では、通路のカーペットの色が、舞台に向かっていくにしたがってだんだん濃くなっているというのです。なぜかというと、こちらはお客さまの高揚感のためです。入ってくるお客さまの気持ちが前に進むにつれて高揚していく、その効果を狙っているそうなのです。

「発見力」はインプット、「発想力」はアウトプット

こういう話を聞くと、今度コンサートホールや歌舞伎座に行ったときには、椅子を触ってみたり、フロアによって色が違うかどうか確かめてみよう、カーペットの色を見てみよ

う、という気になりますね。

こちらは、いわば「発見力」です。7-ELEVEnの最後のnが小文字になっていると聞き、確かめるためにあらためて看板を見るのと同じです。

Nではなくnにしたのがだれかの「発想」であるのと同じように、世のなかにある面白いこと、新しいこと、便利なことはみな、だれかの「発想力」が形になったものです。

このように、いろいろな「発想」を見て、世のなかには、見ているようで見ていなかったものがたくさんあることを知ったうえで、ものを見ると、新たにいろいろなものが目に入ってきます。それが「発見力」です。

つまり、だれかの、「発想力」というアウトプットを見つけるのが「発見力」というわけです。「発見力」を高めることも、「発想力」を高めることにつながります。「発見」をベースに、頭の中の引き出しを充実させ、できれば、人と違う引き出しをつくり、そこからアウトプットしていく。つまり、「発想力」を発揮していくことにつながるのです。

このように、「発見力」によって**インプットしたものから、新たなものをアウトプット**

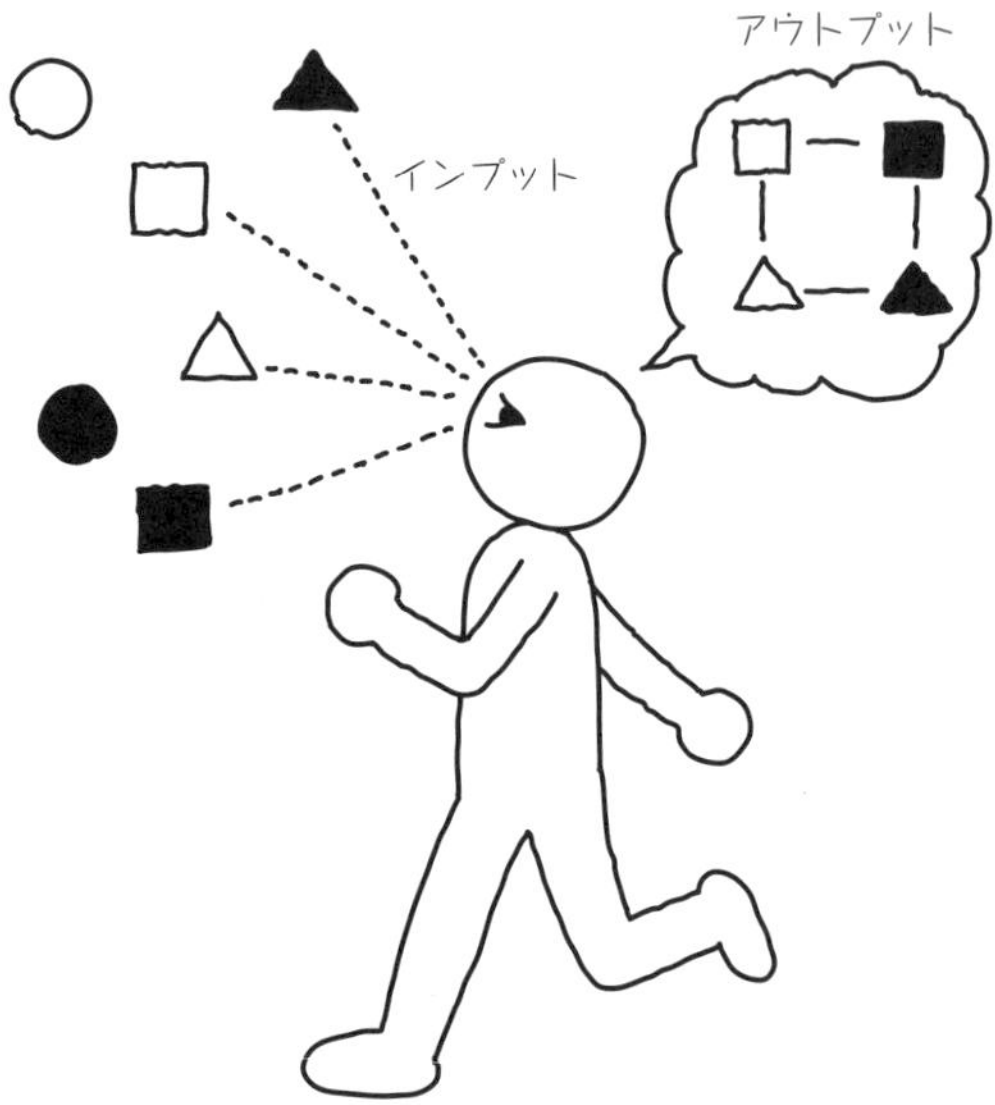

発見力＝インプット
発想力＝アウトプット

していくのが「発想力」です。

アウトプットがなければ、せっかくのインプットが生きません。

クイズ番組のように、単なるインプットを、短い時間にそのままアウトプットするというだけだと、これだけパソコンが普及しているいまの時代、人と大きく差別化することはできません。単純な知識、情報の値段など、ほとんどタダのようなものです。

知識、情報を、頭の中の引き出しにいったん入れて整理し、場合によっては、それに論理的思考を加えてさらにアップグレードし、ユニークな発想に変えることができるか。さらにいえば、自分のビジネスに生かし、自分の人生に生かし、新たな発想をすることができるかどうか。これが、非常に大事なポイントです。

人と違った経験をする

常識を超える発想をするには、人と違った経験をすることも大切です。

先にも説明したように、どうしても人は、自分の経験やものの見方がベースにあり、インプットをスクリーニングして思考し、そしてアウトプットします。立ち位置が固定されることによって見方が偏ったり、同じ見方しかできなくなってしまうのです。

それなら、これも逆転の発想ですが、多くの違った経験、それも人がしないような経験をすることで、多面的な見方や人と違った見方ができるようになり、それが、人と違う発想のもととなるはずです。

先に話したフルタイムシステムの原さんは、若いころに世界一周をしました。アメリカで旅費がなくなったときには、自分でビジネスを行い、結構なお金を稼いだそうです。

わたしも若いころに、アメリカ留学をしたり、カンボジアの選挙監視のために国連のPKO（平和維持活動）に参加したり、あるいは、寝たきりの方をお風呂に入れるお手伝いをしたりと、少し人と違った経験をしていますが、それが、ものの見方という点で大いに役立っています。こうした経験が生かされ、次のチャンスが訪れ、さらに、新しい経験ができるようになります。

またわたしの経験で恐縮ですが、いまでは大手企業も含め、社外取締役や社外監査役をしていますし、投資会社の役員もしているので、大企業の役員の考え方のパターンや投資家と呼ばれる人たちの考え方も分かります。もちろん、一〇人ほどの小さな会社の経営者を二〇年もしているので、零細企業のオーナー経営者の思考パターンも分かります。それぞれにものの見方が異なり、その結果、発想の仕方も異なってくる、ということを実際に見てきました。そして、わたし自身はといえば、いろいろな経験をすることで、多様なものの見方ができるようになり、発想力の向上に役立っているように感じています。

ですから、新しくなにか経験する機会があれば、ちょっと億劫でもぜひ挑戦していただきたいと思います。それによって、関心の幅が広がり、ものの見方、ひいては発想力に差が生まれます。

なかには、すでにある程度の年齢になっていて、「いまさら」と思う方もいるかもしれませんが、そもそもその考え方が発想力の向上を阻害しています。若い人ならなおさらです。

リスクの高いことでなければ、ぜひいろんなことに積極的にチャレンジしてみてください。発想力だけでなく、人生そのものもより面白くなると思います。

「発想力」×「思考力」がないと、生き残れない

「発想力」は、「ひらめき」や「思いつき」と似ていますが、少し違うのは、「思考」との距離でしょうか。

課題について集中して思考し続けるその過程で、「発想」が生まれることがよくありますが、**「発想」を検証したり、実現可能な形にしていくには「思考力」が必要**です。もちろん、ここまでお話ししてきたインプット、さらには、それに関連して「頭の中の引き出し」が充実していることが大前提です。

「はじめに」でも触れましたが、論理的思考力をつかって、論理を組み立て企画を立てるだけでは十分にユニークな「発想」とはいえませんが、**人と違う発想が生まれた場合に、さらに論理的思考力があれば、それを際立った発想にすることができます**。さらには、その発想を実行してこそ、評価される発想となるのですが、実行に際しても、実行力とともに、思考力が必要になります。

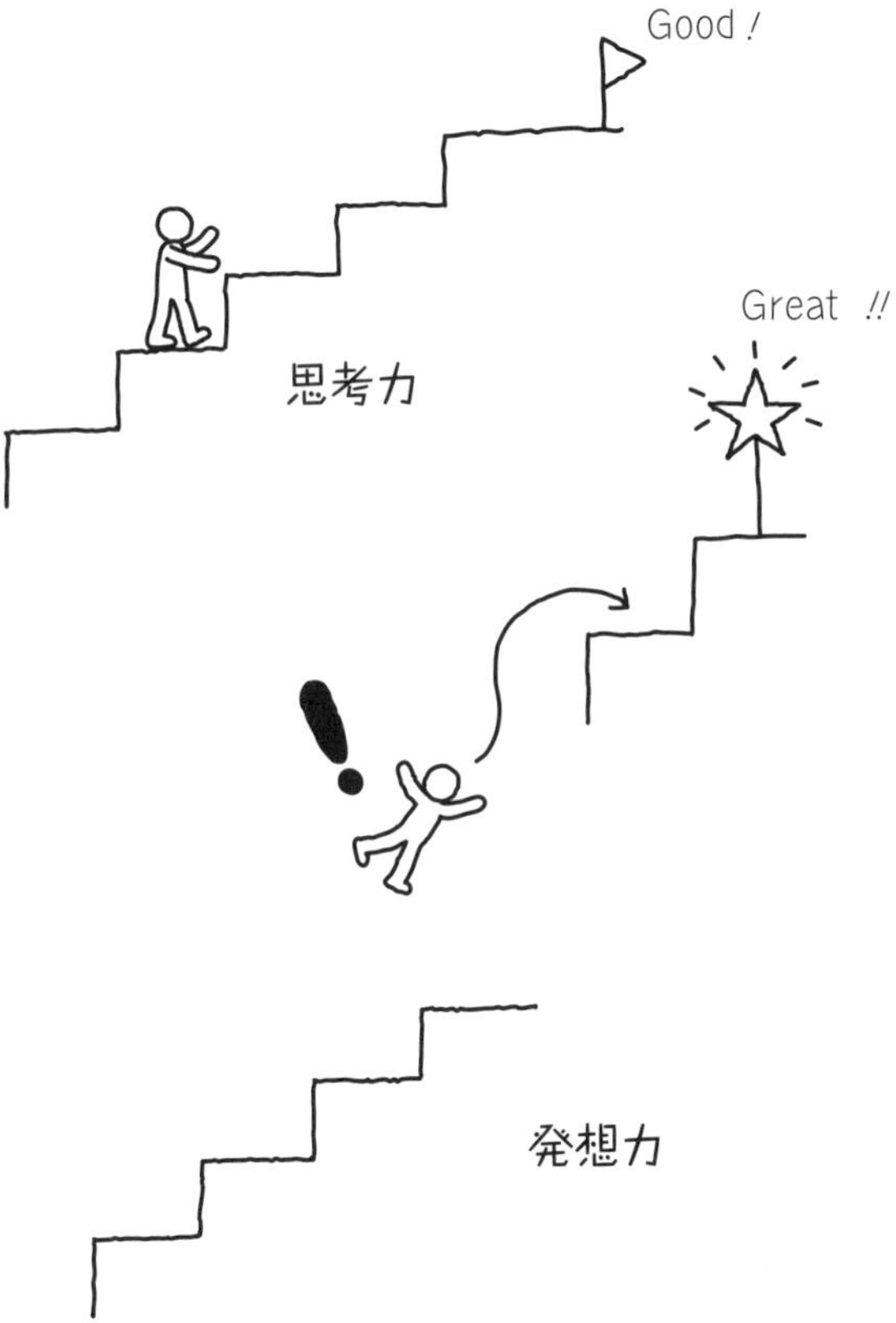
Good !
Great !!
思考力
発想力

このように、「発想力」と「思考力」が密接に絡み合いながら、付加価値の高いアウトプットが生まれるのです。

ここで知っておかなければならないのは、わたしたちは放っておくと思考力が落ちる時代に生きている、ということです。コンピュータやインターネットが普及して、世のなかは加速度的に便利になっていきましたが、便利な社会というのは、頭を使わない社会ということでもあります。

たとえば電車に乗ってちょっと移動するとき、昔だと、どこでどの電車に乗り換えれば行けるのか、いくらの切符を買わなければならないのか、どのくらいかかるのかなどを、時刻表や路線図で調べたり計算したりと、そのぶん頭をつかっていました。しかし、いまは、乗り換え案内のサイトで検索すれば、すぐにルートが出てきます。ICカードをつかえば、切符を買う必要も、精算に煩わされることもありません。おそらくほとんどの人が、近距離であれば運賃をそれほど気にしないで電車に乗っているはずです。

インターネットそのものもそうです。インターネットが誕生したあとしばらくは、ネットに接続できるようにパソコンを設定するのはたいへんでした。ましてや海外でなどとなると、なぜかうまくつなげられないことが多々ありました。しかしいまは、ほとんど自動で、パソコンやスマホのほうがやってくれます。

分からないことがあっても、グーグルやヤフーで検索すれば、たいていのことが調べられます。少ない情報から推論を重ねて困ったことを解決する必要もありません。

論文がコピペだらけだという教授陣の嘆きをよく聞きますが、そもそもそれができてしまう時代だということ、論理的思考力を駆使しなくても卒論のひとつやふたつ書けてしまう時代だということです。

ただ、ここで気づいてほしいのは、こうして、多くの人が頭をつかわなくてもすむ社会というのは、実は二極化社会でもあるということです。コンピュータがいろいろなことをやってくれる。わたしたちはネットを通じて、その恩恵に浴しているわけですが、それは、だれでもできる仕事がすごく増えているということでもあるのです。

わたしが長く社外監査役をしている自動車部品メーカーの工場に行くと、むずかしいことを全部機械がやってくれる様子をまざまざと見ることができます。人間がやっているのは、ひとつめの工程からふたつめの工程に部品を受け渡すとか、最後に箱に入れることぐらいです。さらには、そこのアメリカ・オハイオの工場ともなると、完全無人化ラインができていて、人はまったくいらないといいます。

経理や税務のような仕事にしてもそうです。複雑な計算はみな、経理ソフトがやってくれます。昔ほど経理要員はいりませんし、その経理の人たちも、以前ほど高度な知識を必要とはされていません。

会社の経理事務に関して、いまはまだ帳簿の記帳が必要ですが、数年以内に、デジタルの銀行の通帳記帳データをそのまま帳簿としてつかえるようになると思います。すると、いま税理士さんが中小企業などに対して請け負っている記帳代行業務のようなものは、銀行サービスの一環として吸収されてしまうでしょう。会社の経理部の人の数も減っていくはずです。

しかし、考えてみれば、こうした便利な仕組みやソフトも、それをつくっている人がいるからこそ生まれてきているわけです。工場のラインを設計する人、経理のソフトをつくる人、社内インフラを構築する人というのが存在します。また、彼らには、非常に高い能力が要求されています。わたしたちが便利につかっている、インターネットを介したさまざまな新しいサービスには、必ずそれを考え、つくり出し、普及させている人たちがいる。だから、二極化なのです。

そして、そういう人たちに共通しているのが、「発想力」と「思考力」なのです。

正確にいうと、優れた「思考力」を生かす出発点にあるのが、「発想力」なのです。

「発想力」とは、オリジナリティのある「発想」ができ、それを論理的「思考力」で実行可能なものに落とし込み、さらにつくり上げてしまう力のことです。

その両方で能力を発揮できるようにしておかないと、勝てません。生き残れないのです。

便利になってよかったと、コピペで卒論を乗り切るような働き方をしていると、その便利な社会に飲み込まれてしまいます。だれでもできる仕事をしているかぎり、給料は上がりません。それどころか、仕事自体を失ってしまう可能性が非常に高くなります。

「発想」はあくまでも仮説

「発想力」についていろいろお話ししてきましたが、ここでひとつ強調しておきたいのは、**「発想力」は重要ではあるが、すべてではない**、ということです。

経営の格言に「アイデア社長は会社を潰す」というものがあります。これはどういうことかというと、とくに小さな会社や、大きくても創業社長が現役でいるような会社では、社長が「これをやろう」などとなにか言うと、下の人たちは基本的には逆らえません。そして、そうした社長の鶴の一声は、まれに大成功をもたらすこともありますが、経営をおかしくすることが少なくありません。

上に立つ人たちは、どんなに優れたアイデアでも、アイデアにとどまるうちは、すべて「仮説」だということを肝に銘じておかなければならないのです。

そして、その「仮説」を検証するのが論理的思考力です。違う言い方をすれば、**実現可能性の高い発想ができるかどうかは、それを論理的に他者に説明し、さらには、実現可能な道筋を論理的に頭に描いているかどうか、**にかかっているのです。

・「発想」が生まれる↓
・その「発想」を「仮説」として論理を組み立て、ほんとうに結果が出るかどうかを検証する↓
・結果が出そうにない、あるいはリスクが高すぎるような「仮説」は排除する。
・結果が出そうな「仮説」については、実現可能な道筋を描く。

このようにして、失敗する確率を下げていくのが仕事というものです。

自分のなかで発想して、こっちはどうだろう？　と、A案、B案、C案と出していき、たとえば、一番実現可能性が確率的に高いのはどれか、一番お客さまにインパクトがあり、売れる可能性が高いのはどれか、と検証していくのです。なんであれ、検証のないまま「これは絶対だ！」と思ってしまうのは、それを実現する権限や実行力のある人であるほど危険です。

先日、大阪にいたとき、興味深いニュースを見ました。

大阪には第三セクター方式の観光局があるのですが、少し前、そこの観光局長として香港の観光局で活躍していた日本人が雇われました。彼は着任するとすぐ、地域観光振興策として、一大ジャズフェスティバルを企画し、開催しました。これは絶対いける！　と思ったのでしょう。ところが、実際は、億単位の赤字になってしまったのです。

仮説を検証なく実行してしまった典型的な例ですが、驚いたことに、その前局長が、赤字のうちの二七〇〇万円を個人で弁償したというのです。ふつうは、出資者のリスクで行うものだと思いますが、スポンサーの大阪府との話し合いのなかで、うまくいかなかったら個人でこれだけの損害を賠償しますという念書を書くことになったそうなのです。

これに対し、大阪府のやり方はおかしいという声が上がり、議論になっています。

確かにおかしい。第一に、失敗したら弁償するのだったら、逆にうまくいったらそのぶんの儲けをもらえるのか、ということです。リターンがあるからリスクをとることができるのです。リターンはなくリスクだけとれなどという契約が、はたして正当なものといえるのか？　大いに疑問です。

第二には、こういうことをしたら、後任者が見つからないだろうということです。少なくとも新しいことをしようとはしないでしょう。その企画が外れたら、赤字ぶんの自腹を切りなさい、なんて言われたら、だれも企画なんてあげてきませんよね。

外れたら個人で弁償するなどという念書は、ふつうは書きません。断ることもできたはずです。それなのに、成功したからといって個人的に儲かるわけでもないのに、この前観光局長は書きました。彼のなかでは、それだけ確信があったのでしょう。ぜひやりたい、という思い入れもあったはずです。

確かに、仕事には、「思い入れ」が必要です。それが未知の新しいことであればあるほど、ひとり（あるいはチーム）の思い入れがなければ実現しません。しかし、ひとつのアイデアを検証することなく、思い入れだけで実行しようとするのは危険です。それは、「思い入れ」ではなく、単なる「思い込み」です。**「思い入れ」と「思い込み」は違う**のです。

成功が次の発想へのステップ

「はじめに」で、ふつうのビルメンン、すなわち平凡なビルメンテナンス会社を、マンションの宅配ロッカーの設置に始まって、さまざまに展開させていった原さんの会社の話をしましたが、みなさんよくご存知のセコムもまた、創業者の飯田亮さんの、常識にとらわれない「発想力」によって事業を発展させ、その成功によってまた次の展開へと、大きくなってきた会社です。

最初は、企業のビルの警備会社から始まりました。一九六〇年代のことです。そもそも、警備会社という発想自体が新しかった時代です。日本で初めての民間警備会社だったため、当然なかなか契約がとれませんでした。最初は、一年で一ヵ所しか受注できなかったといいます。そもそも警備というのは警察が行うもので、民間が警備するなんて発想が世のなかになかったからです。

風向きが一気に変わったのは、一九六四年の東京オリンピックでした。東京オリンピックの委員会が選手村の警備をセコムに委託したのです。そこから、民間による警備というものが認知され、セコムの事業は順調に拡大していきました。

ただ、当時は、人を派遣して警察と同じようにやるという方法でした。ここで、創業者の飯田さんは、このままでは成長に限界がくるはずと、機械警備を始めます。周囲はかなり反対したそうですが、その反対をものともせずに始めました。

人で警備をやっているかぎり、人材育成が欠かせません。そもそも採用の段階で、武道ができたり、礼儀正しさが備わっていたりと、人がボトルネックになってきます。採用し、育てられる人の数までしか会社を大きくできないのです。そこで、機械での警備を「発想」したのでした。

ただし、民間警備を始めたときと同様、機械警備というのも、もちろん日本では初めてのことでした。機械を入れてほんとうに大丈夫なのかと、お客さんのオフィスビルにしても抵抗感がありました。その結果、しばらくの間、予定していた数を下回る、ほんとうにわずかな契約しかとれませんでした。

ところが、飯田さんには商売の神様がついているのでしょうか、あるビルで、ある事件の犯人が偶然、機械警備に引っかかって、逮捕されたのです。それで一気に、機械警備のすごさが一般に認知され、あとはご存知のとおり、どんどん伸びていきました。

その後、ホームセキュリティを始めて、すでに一〇〇万戸を超えたといいます。追従する会社もできてきましたが、二位とは三倍ぐらいのシェアの差があるとのことです。

そのホームセキュリティからの発想で、子ども向けのココセコムというサービスも始めています。子どもにGPS用の小さな端末を持たせ、非常時にボタンを押せば警備員が急行するというサービスです。同じ発想の、高齢者用のサービスもあります。

さらには、周辺事業として介護事業も別途始めています。

人々にトータルで安心を届ける、というところから、次々に、新しい発想で事業を拡大しているのです。

成功は、次の発想を生みますが、それは過去の成功を捨てる、という意味でもあります。

ビジネスモデルを展開していくには、常に新たな発想が必要なのです。

第１章のまとめ

1. ひらめきの天才も、ゼロからなにかを生み出しているわけではない。頭の中にインプットされ蓄積されている情報のデータベースから種を引き出している
2. インプットに対し、ふつうとは違うデータを引き出す人が、素晴らしいひらめきをする
3. 引き出しをどのようにつくり、どのように整理し、いかにして取り出すか、が発想の原点
4. 引き出しを増やすには、関心を広く深く持つ
5. 情報の正しさ（＝精度）と、新しさ（＝鮮度）を保ち、引き出しを整理する
6. 情報を取り出す際は、「この引き出しでほんとうにいいのかな？」を常に考える
7. 深く考えることで、頭の中のデータベースを常に整理・活性化させておく
8. 「発想」はあくまで仮説であり、これを検証したり実行可能な形にしていくには「思考力」が、実践するには「実行力」が必要

第2章

「発想力」を鍛える12の原則

第1章では、「発想力」がどのようなもので、どのように結果を生み出していくかについていくつかの例をあげながらお話ししてきました。ここでは、その「発想力」がどこからやってくるのか？　そして、それを引き出す方法について、お話ししていきたいと思います。

1　「発想」は、具体的な目標のあるところに生まれる

先日、ある上場企業の取締役会に出ていたときのことです。その日は、中長期的に売上を上げていくための施策を立てることがテーマでした。そこはサービス業だったので、差別化のためには従業員の質を上げなければならない。そのために、研修をしよう、自分た

ちの考えていることを伝えよう、という方向へ議論が流れていったので、わたしは、それではうまくいかないだろう、とあえて申し上げました。

なぜか？　発想の方向が逆だからです。いつもいろいろなところでお話ししているのですが、「散歩のついでに富士山に登った人はいない」のです。現在の延長線上、漠然とした努力の延長線上になにかがあるわけではありません。目標が必要なのです。なりたいものの水準が必要なのです。


従業員の質を上げるといっても、ライバルの同業他社と比べるのか、異業種のどこかと比べるのか、海外の会社と比べるのか、なんでもいいのですが、目標がなければ変化は起こりません。積み上げ方式でやる場合でも、どこまで積み上げるかという目標が必要です。

努力ももちろん大事ですが、**目指すべき到達点が必要なのです。そのことにより、具体的になにをしなければならないかが見えてきます。そこから、発想が生まれてくる**のです。

漠然と、なにか思いつかないかなあと思っていて突然なにかをひらめく、ということはありません。頑張っていれば思いつく、というものでもありません。**「こういうことを実現したい」「こうなりたい」ということをはっきりとイメージし、それを常に考えているこ**

とが大切です。

ウォークマンの開発にあたっては、当時SONYの名誉会長だった井深さんの「発想」と、会長だった盛田さんの「これはいける!」という強い意志があったそうです。録音機能のないテープレコーダーなど絶対に売れないという社内の反対を押し切り、「いつでもどこでも美しい音で音楽を楽しみたい」という井深さんの想いを盛田さんが実行力をもって形にしたのです。

iPhoneにしても、スティーブ・ジョブズの、このくらいの薄さにしたい、という強い意志があったと聞きます。カギはその発想を形にする実行力であるとはいえ、最初の目標やそれにともなう発想がなければ、それらの技術も生まれなかったはずです。

具体的な出来上がりのイメージを持つ。そして、それに向けて発想しようと思うことです。到達点を前提に物事を考えることが大事。それから思いもかけない「発想」が生まれます。

２　「発想」は、熱意を持って真剣に考えるなかから生まれる

ニュートンはリンゴが木から落ちるのを見て万有引力の法則を考えついたといいます。

多くの人がリンゴが木から落ちるのを見ていたはずですが、ニュートンだけが考えついたのはなぜか？　それは、万有引力について真剣に考えていたからです。

同様に、**自分の目の前の仕事についても、真剣に考えていれば発想が生まれる**はずです。それも、なにか、いまよりもっと良い方法はないか、もっと良い製品にならないか、と考えれば考えるほど、発想は生まれるものです。

松下幸之助さんは、**「二階にどうしても上がりたいという切実な思いがはしごを思いつかせる」**とおっしゃっていますが、熱意を持って真剣に考えるということが発想を思いつかせるのです。

四六時中、あることを考えていると、ふつうでは考えつかないようなことを思いつくことが少なくありません。

3 「発想」は、それが湧く場から生まれる

大阪の人はいつも面白いことを言って笑いをとろうとしている、といわれますが、実際、そうです。みんな、いつもなにか面白いことを言って、笑わせようとしています。で、うけないと、まわりから阻害されるようなところがあります。ある意味、熾烈《しれつ》な世界です。

ですから、高校のころ、先生が休んで自習になったりするとたいへん、途端に教室は演芸会場となりました。河内音頭を歌い出すヤツ、突然漫才コンビを組んでやるヤツ、落語をやるヤツ……。そうやって、笑いをとることについて大阪人は鍛えられています。大阪人にとっての最大の賛辞は、「オモロイ」と言われることなのです。

これは、いつもいつも笑いをとる、というアウトプットに向けて考えているから面白い発想が生まれる、ということなのですが、それだけでなく、ここで注目していただきたい

のは、大阪人が自然にそうせざるを得ない場にいるということです。

つまり、**「発想力」を鍛えるには、発想が生まれやすい場に身を置くことが大事**です。

では、どういう場で発想が湧きやすいかというと、それは、どんなときに、いいアイデアやひらめきが生まれがちかということを考えれば分かると思います。お風呂の中だったり、ぐっすり休んだ朝だったり、電車の中だったり。そう、リラックスしているときです。

テレビで、「ほぼ日（ほぼ日刊イトイ新聞）」の糸井重里さんのオフィスを見たことがあります。和室があったり、昼寝する部屋があったり。糸井さんがいなくなっても、スタッフの間から発想が生まれ続けるような仕組み化や場づくりを考えているのではないかと感じました。わたしの事務所でも、できるだけ「オモロイ」ことを言ったりして、リラックスした状態をつくろうとしています。

とはいえ、ただリラックスして、たとえばみんながパジャマで仕事をするような、そんな環境がいいわけではもちろんなく、緊張はしないけれどテンションが上がる場、**脳が活性化するような場**が必要だと思います。実は、これが結構難しい。よくネットや雑誌で取り上げられるグーグルのオフィスなど、いい例でしょう。結局は、トップの人の在り方が、場の空気をつくるのだと思います。

さらに、場という観点とは別に、時間も関係があると思います。**発想が浮かびやすい時間帯**です。わたしの場合、この本もそうですが、企画を思いつくのは、ほとんどの場合、よく寝たあとの朝です。休日の朝であることが断然多いです。

あとは、街を歩いていたり、電車の中で雑誌や新聞を読んでいるときです。いずれにしても、脳が比較的リラックスしていて、身体が疲れていないときが多いと感じます。

４「発想」は、行動の結果得られた情報をもとに生まれる

発想、それも人に評価されるような発想を持つためには、情報を得ることが大切です。その情報をもとに、相手が予想もしていなかったようなアウトプットをするのです。

金沢に、「加賀屋」という、もう何年も旅館ランキングで一位を保っている、収容人数数百人の大きな旅館があります。

数年前、社員旅行でその加賀屋さんに泊まることになりました。社員のなかに、旅館に泊まるなら卓球をしたい、と言う女性がいたので、予約の際、その旨伝えると、「うちに卓球台はありません」とのこと。まあ、それならしかたないと思いました。いずれにしろ、紹介もなく初めての予約で、社員旅行といってもわずか一〇名程度、予約した部屋も、四ランクのうち下から二番目に経済的な部屋です。さほどのサービスは期待していませんでした。

ところが、到着すると、担当の仲居さんが「卓球台を用意しました」と言うのです。聞くと、卓球台のある近くの姉妹旅館から軽トラックで運んできて、大広間を金屏風で仕切って、わたしたち専用の卓球コーナーをつくってある、と言うのです。

でも、この程度のちょっと「奇をてらったサービス」というのは、実は最近は珍しくありません。わたしは社員ほどには驚きませんでした。驚いたのは、むしろそのあと。仲居さんに心付けを渡し食事をしていると、なんと女将さんが挨拶にみえたのです。客室総数二〇〇を超える大きな旅館で、一部屋ずつ挨拶をして回っていたそうです。そして、「先ほどは仲居にお心遣いをいただきましてありがとうございました」と言いました。ああ、情報を共有する仕組みがきちんとつくられているんだな、ととても感心しました。

そして、朝。客室に配られていた地方紙を読んでから朝風呂に入って部屋に戻ってくると、なんとわたしがいつも読んでいる読売新聞と日経新聞が置いてありました。

わたしの新聞好き、なかでも日経と読売を読むのを欠かさない、という話はいろいろなところで書いています。仲居さんはそれを読んだのでしょうか？　あるいはだれかから聞いたのでしょうか？　それともただの偶然でしょうか？　真相は分かりません。でも、日経新聞だけならともかく、その二紙が置いてあったのはどうしても偶然とは思えませんでした。

一〇部屋か二〇部屋の小さな旅館ならともかく、何百人もお客さまがみえる大きな旅館で、一人ひとりのお客さまの情報を集める。その気配りと行動力。この人たちはやるな、と今度こそ、大いに感心させられました。だからこそ、加賀屋さんは何十年も旅館ランキング首位の座を保っているのでしょう。

競争の激しいサービス業においては、他との差別化のための「発想力」が問われます。第1章で、発想は、知識や情報の蓄積がその前提にあり、それらが収納された脳の中の引き出しのどれを開けるかである、というお話をしましたが、その**情報は常にインプットし続けている必要があり**、**インプットのために行動することが必要**なのです。それも、この事例のように、ピンポイントのターゲット（この事例では、わたしですが）の情報が、ユニークなアウトプットのための発想を生むこともあるのです。

5　「発想」は、相手にとってのベストを考えるところから生まれる

サービス業からヒントを得た「発想」の方法の例を、もうひとつご紹介しましょう。

わたしの経営する小宮コンサルタンツで大小合わせて年に一六回セミナーを開き、わたし自身もときどき泊まるザ・リッツ・カールトン大阪でのことです。

知り合いが大阪のザ・リッツ・カールトンで結婚披露宴を挙げ、その晩は部屋をとるというので、わたしがそこでセミナーを開くときの担当者に、よろしくとひとこと伝えておいたことがあります。後日、その知人からお礼を言われて初めて知ったことには、知人が無事披露宴を終え、別会場で行った二次会から部屋に戻ると、部屋に「小宮さまより」と書き添えたシャンパンが置いてあったというのです。

その担当者に次に会ったときにお礼を言うと、なにが一番いいかをよく考えた末のこと

だったと言っていました。おそらくはろくに飲食できないであろう新郎新婦の状況を推し量ってシャンパンを選んだこと、そしてなにより、ホテルからではなく小宮からとすることで（もちろん、わたしは代金を支払っていません）、わたしのメンツを立ててくれたことに、さすがザ・リッツ・カールトン大阪、と久しぶりに見直しました。

このように、相手にとってのベストを考え抜くことは、先に説明した「熱意を持って真剣に考える」こととも共通しますが、ユニークな、そして、優れた「発想」を生み出すひとつの方法となります。

6 「発想」は、過去事例との関連づけを考えるなかから生まれる

日本郵便が発行する年賀ハガキの切手に該当する部分のデザインが毎年変わることは、みなさんご存知だと思いますが、では、この本を書いている二〇一五年のデザインに注目された方はいらっしゃるでしょうか？

干支にちなんで、手編みのマフラーを巻いた羊の絵です。なぜ手編みと分かるかというと、手に編み棒を持っているからです。さらにいうと、一二年前のデザインでは編んでいる途中でした。干支が一巡して、ようやく編み上がった、というわけです。

たまたま今年は、一二年前と同じデザイナーがデザインすることになったからこのような物語が生まれた、とのことのようですが、そのデザイナーの方が、依頼を受けて、さてどんなデザインにしようかと考えたときのことを想像すると、そこに「発想力」を鍛えるヒントが見つかります。

編んでいるところ
（2003年のデザイン）

編み上がったところ
（2015年のデザイン）

日本郵便のハガキより

おそらくは、一二年前にそのことを考えついていたのではなく、一二年前のデザインを見直してみたのでしょう。そして、その「続き」のデザインにする、というアイデアを得たのだと思います。

このように**「過去事例」を調べ、その関連づけから考える**、というのも、「発想」する方法のひとつです。自分の過去でもいいし、自分が過去にやったことでもいいし、過去になにかあったことでもいい。ともかく過去をベースにすることで、次の新しい発想が生まれやすくなる、ということは確かによくあることだと思います。

7 「発想」は、「真似」から生まれる

あえて「真似る」ことが、次の発想を生むこともあります。

以前、滋賀県の長浜（豊臣秀吉の築いた長浜城で有名なところです）に、「はじめに」でお話しした「おとな会」のロケの仕事で行ったときのことです。ちょうどNHKの大河ドラマで黒田官兵衛をやっていたときとあって、商店街には各店、思い思いの面白いネーミングの新しい商品が並んでいました（長浜は、北国街道沿いにあり、官兵衛ゆかりの地でもあるのです）。お醤油屋さんでは、醤油を使った「黒田せんべぇ」、それを真似したパン屋さんでは「黒田パンべぇ」、さらには造り酒屋さんで、米麹を使った「黒田キャンディ」といった具合。

この事例は、名前を真似ることで共通の切り口をつくり、そこから自社の強みを生かしてつくることのできるユニークな商品を開発していったものですが、商品開発の分野で

は、最初「真似」から始まって後に成功した事例は枚挙にいとまがありません。というか、ほとんどがそうだと思います。

たとえば、いま世界的にヒットしている炭酸飲料「レッドブル」は、オーストリアの製品ですが、もともとはタイ人の創業者が自国で売られていた清涼飲料水を真似したものです。さらに、日本の大正製薬のリポビタンDの成分を大いに参考にしつつ、顧客層が低所得者層にまで広がりうる価格帯にしたものだそうです。

他社の商品や他国で売れている商品・サービスに刺激を受けたら、まず真似てみることで、次の新しいオリジナルの発想へとつなげていくことも、「発想」を生み出す代表的な方法です。

また、「はじめに」でもあげた広島球場の事例のように、まず、アメリカなりの同様の施設を見学し、それをベースに自分たちに合ったものをつくり上げていくというのも、とても有効です。

8 「発想」は、鳥の目・虫の目・魚の目で見るなかから生まれる

よく「若い人の発想を」などといわれますが、実際のところ一般的には、ふつうの社員より社長のほうが「発想力」が豊かです。それは、後述する志の違いとか、危機感の違いによるところもあるのですが、それ以上に、社長のほうが会社で起こっていることや事業を取り巻くさまざまなことについて、俯瞰して見られる立場にあるからでしょう。

この、**物事を俯瞰して見るのが「鳥の目」**です。

一方、俯瞰して見るのと同時に、**「虫の目」、つまり物事を近いところから、複眼的に見る目**も重要です。

ひとつの見方にこだわらず、いろいろな視点から見る。この「鳥の目」と「虫の目」で同時に見る、というのは、いろいろな場面でよくいわれることですが、「発想力」においても、非常に重要です。

そして、わたしはこれに、さらに「**魚の目**」も加えたいと思います。これは、**流れを見る目**です。世のなかの流れ、社会の変化をつかみ、その中で物事をとらえ、また、未来を見る目です。

そのためには、自分の視点を固定しないように心がけることが大切です。どうしても、ふだんいる場所からの視点になりがちですが、**あえて、違う視点から見る習慣を持つ**ことです。

それにはどうすればいいか? 一番いいのは、いろいろなところに行ってみることです。この本を書いているのは、東京では桜の時季もだいぶ前に終わり、もう桜のことはとっくに忘れてしまっているころなのですが、同時期に松本に行ったら桜が満開でした。

少し場所を変えることで、見えるものも違います。人は放っておくと、自分の周りの小さな世界を基準にものを見がちですが、ちょっと視点を変えると、ものの見方や価値判断が違ってくる、というのは珍しいことではありません。

いまの場所にとどまったままでいることは楽ですが、物理的な場所をはじめ、自分の視点を常に変えてみるというのも大切ですね。

9 「発想」は、規格外のことから生まれる

滋賀県の大津に行ったときのことです。ふらりと入った書店さんの様子に、仰天しました。お店中、POPだらけで、なんというか、ディズニーランドのように楽しい空間がつくり出されていたのです。ただのPOPではありません。発泡スチロールを切り抜いた立体POPであったり、人形みたいなPOPであったりと、イベント気分にさせられます。

あとから、そこは「本のがんこ堂唐崎店」という、テレビでも紹介されたことのある、POPで有名な書店さんだということを知りました。そこに「天才POP職人」ともいうべき書店員さんがいて、自店の他のスタッフはもちろん、他の書店さんにもPOPづくりの指導に行ったりしているようです。

アイデアに詰まったときのひとつの方法は、**思い切って「規格外」でやってみよう**、と

考えてみることです。ＰＯＰを例にとれば、通常の一〇倍、あるいは、一〇〇倍の大きさにしてみたらどうだろうと考える、立体にしたらどうだろうと考える、動くＰＯＰにしてみたらどうだろうと考える、といった具合です。もちろん、他社や他人がやっている規格外のことを見ることもきっかけになると思います。

松下幸之助さんは、新しいラジオを開発した直後に、想定していた値段を「半額にするように」と指示されたそうです。開発者は驚きましたが、なんとかそれをやりとげて、結局、想定の一〇〇倍の個数を売ったといいます。ふつうに考えるとできそうもないことです。わずかなコストダウンであれば、通常の発想の延長線上で良いのかもしれませんが、「半額」となると根本的に発想を変えていく必要がありますね。

他にもわたしが「規格外」で驚いたのは、もうずいぶん昔の銀行員時代、システム開発をやっていたときのことです。

コンピュータのプログラムは、想定していないようなデータが入力されると、「アベンド（アブノーマルエンドの略）」といって、システム全体が稼働しなくなります。いわゆるシステムダウンです。コンピュータは、論理から外れたことを処理できないからです。そうしたことが起こらないように、ふつうに考えると想定外と思われるようなことが起こった場合でも、それに対応できるロジック（プログラム）が組まれています。たとえば、ATMに入金する際に、日本のお札だけが入金される前提のシステムだと、ドル紙幣が入金された場合に、システムダウンが起こる可能性があります。

そこで、日本の現在の紙幣以外のものがATMに入れられた場合には、どういうふうにそれを処理し、さらには、どう画面に表示するかといったプログラムが組まれているわけです（そうでなければ、異物が入るたびに、システム障害になってしまいます）。

さて、わたしが銀行の採算管理システムを開発しているとき、最初、驚いたのは、開発を手助けしてくれているプログラマーたちが、新しいプログラムをテストする際に、処理するデータとして、一千兆円単位のデータをテストデータとして入力してくることでした。常識では、一銀行が扱うデータに、そんな単位のデータはあり得ないのですが、万一、データが間違って入力された際に、それを処理する（たとえば、エラーとして読み飛ばし、アラームを出すなどの）ロジックが組み込まれていなければ、コンピュータはその場で思考停止となり、システムダウンとなってしまうからそのようなデータを入力するのです。

自分の常識の範囲内でしか考えずにプログラムを組んでいると、システムダウンを起こす可能性があります。システム開発でプログラムを書くときには、**常識では起こらないと「勝手に」考えていることを超えた発想を持つ**ことが必要なのだということを、そのときに学びました。とても新鮮に感じたものでした。

人は、どうしても、自分のふだん持っている視野や常識にとらわれてしまうものです。そのためにも、ふだんから、**自分の持っている視野や常識にとらわれないように注意しておく**ことが大切です。

先に例に出したウォークマンもｉＰｈｏｎｅも、最初から目標があったということもありますが、それ以外に、「規格外」というスタートポイントがあったともいえます。

10 「発想」は、徹底して行うなかから生まれる

なにかを徹底的に行う過程で生まれてくる発想もまた、たくさんあります。その道のプロ、専門家の仕事はすべて、それだともいえるでしょう。

よくわたしが例にあげる傳來工房という会社は、オフィスの環境整備が徹底しています。ファイルの並べ方ひとつとっても、さまざまな工夫が凝らされています。たとえば、棚に収納しているファイルの並べ方の順番が、いろいろな人が出し入れしてもけっして狂わないように、ある工夫をしているのですが、分かりますか？ 一目瞭然、見た瞬間だれにでも分かるような工夫。だから、けっして乱れない。

答えは、ファイルの背に斜線を入れることです。正しい順番に並べると、きれいな直線になるように、背に斜線が引いてあるのです。数字や色分けよりもずっと分かりやすい。ごく単純な方法なのに、順番が違うと斜線がつながらないので、だれでもすぐに気がつく。

頭いいでしょう？

備品である文具の在庫管理にも工夫があります。たとえば、ボールペン。一本ずつ袋に入れてそれを短い棒に掛けてあります。その棒の長さ以上は掛けられないので、余計な在庫を持つことはありません。というか、持てません。また、その棒の、ある一定の場所に線が引いてあり、掛かっているボールペンの数がその線より短くなると発注することになっています。棚などに無造作に入れていたのでは、余計な在庫を持つことになりかねませんし、逆に、在庫切れということにもなりかねません。

この会社では、そういった工夫がいたるところに見られます。さらにすごいのは、それらの工夫をすべて従業員のみなさんが考え出しているということです。

最初は、トップがオフィスのトイレ掃除をすることから始まりました。すると、社員さんたちも、いろいろなところを掃除するようになり、それを徹底していくうちに、さまざまなことが工夫されていくようになっていきました。

たとえば、来客には紙コップでお茶を出すのですが、サービス精神が低いわけではありません。その紙コップには、たとえば、「小宮さま、いらっしゃいませ」と書いてあります。

わざわざそういうコメントを入れたいがために紙コップにしているのです。もう社員間で、工夫合戦のようになっているほどです。

このように、掃除でもなんでも、**ひとつのことを徹底していくと、その延長線上で、さまざまな発想が生まれます**。それまでとは違う視点でものが見えてきて、それまでとは違う発想が出てくるようになるのです。

もし、掃除なら掃除、とありきたりの作業ですませてしまうと、徹底の度合いが足りないので、なにも生まれてこないでしょう。

大切なのは、**徹底することです**。**そこから、次の新たなものが見えてきます**。

もうひとつ、全国でのシェアが五〇%を超える自動ドアメーカーの神奈川ナブコという会社の例をあげておきましょう。

その会社では、社員に毎月、お客さまが喜ぶ小さな行動の目標を立てさせています。

たとえば現場仕事をしている社員だったら、現場で自動ドアのメンテナンスをしたら、そのあと五分間ほどその周りを掃除する。営業社員だったら、見積書提出期限よりも二日早く提出する。お客さまにFAXあるいはメールした際は、確実に受け取っていただいたかを電話で確認する。事務の社員だったら、それまで電話をスリーコールで取っていたのを、ツーコールで出る。そういった目標を、社員が毎月立てているのです。

そして、月末にまず自分で五段階評価し、次に上司が五段階評価し、さらに、そのときに、来月の目標を立てます。それらを記入したシートは、役員や社長にいたるまで全部回り、社長は緑のボールペンで毎月、全員分にコメントしています。そして、それを何年も繰り返してきました。ものすごい徹底ぶりです。

そうすることで、会社が変わったのです。

その会社の営業所は、所長・営業系の社員に加え、担当エリアのメンテナンスに回る技術系の男性社員と、社内にいて事務を行う女性社員によって構成されています。昼間、男性社員が外に出ている間に、女性社員たちが電話を受けるのですが、電話のなかには、自動ドアが動かなくなったというものが少なくなく、以前は、女性社員たちが外に出ている男性社員たちに、どこどこのお客さまのドアが動かなくなりましたと連絡し、男性社員たちがそれを受けて対応に回っていました。

ところが、あるとき、ある営業所の女性社員が、自分が電話で解決できないか、と思ったのです。そこで、工務の人に話を聞いたり、マニュアルを読んだりして自分で調べてみたところ、自動ドアが動かなくなる原因の七割くらいはだいたいパターンが決まったもので、電話で説明すれば、お客さま自身で簡単に直せるものだということが分かりました。そして、その女性社員は、故障の電話がかかってきたときには、実際に、自分で対応し始めたのです。

これには、お客さまも大喜びです。お金がかからないうえに、即座に動くようになるからです。外に出ている男性社員も手を煩わされず自分の仕事に専念できると、歓迎しました。その場でお客さまに感謝され、社内でも評価されるので、女性社員自身もうれしい。

さっそく、他の女性社員たちも同じように電話での故障の一次対応をするようになり、やがて、多くの営業所でも、同じことが行われるようになりました。

その結果、お客さまからの評判も上がり、「自動ドアなら神奈川ナブコ」といわれるようになったのです。そうして、会社全体の収益力が上がり、給与・賞与も増え、また従来から行ってきた二年に一度の海外への社員旅行、選抜社員の海外研修をはじめ、社員の福利厚生面もより充実してきました。

また、社員の定着率も格段に上がり、なかには、早く朝がこないかな、と、会社にくるのを楽しみにするようになった若い社員もいるほどです。

神奈川ナブコではいま、「お客さまの喜ぶこと」、「働く周りの仲間が喜ぶこと」、「工夫」の目標を毎月みなで考えています。それらを考えること自体、まさに「発想力」のトレーニングです。そして、もうひとつ重要なことは、それを徹底していることです。続けていることです。

なんであれ、徹底すること。徹底すれば、なんらかの新たな発想が生まれます。

11 「発想」は、必要に迫られることから生まれる

グーグルがいま、カリフォルニアで、自動運転車の実験をしているのをご存知でしょうか？　スマホで呼んだら無人の自動運転の電気自動車がやってきて、目的地まで連れていってくれるというもので、実用化の際も、料金は無料の予定だそうです。

なぜ無料でそんなことができるのかといえば、グーグルは、検索履歴による膨大な個人データに基づく、これまた膨大な広告収入があるからです。そして、この自動運転車についても、これまでのデータが活用できるだけでなく、新たなデータを蓄積し、新たな広告収入を得ていくことが可能だと考えているからです。

たとえば自動運転車を呼んで、「どこどこへいってください」と言ったときに、この人は靴のことを検索していたなという履歴に基づき、「○○さん、ここの近くのショッピングセンターの××というお店に、△△の靴がありますよ」と囁くことが可能です。では、

「そこへ行って」と言ったら、そこまで自動運転で連れていくこともできるでしょう。

つまり、完全にONE TO ONE、一対一対応の広告が打てるのです。

もうすぐどこかの街全体で、自動運転車の実験が行われると思いますが、将来的に、日本の限界集落に導入されたら、助かる人が非常に多いはずです。

ちなみに限界集落というのは、六五歳以上の高齢者が人口の五〇%以上を占める、将来消滅する可能性のある集落のことで、将来的にはどんどん増えていくといわれています。

そうした集落に住むお年寄りにとって一番困るのは、移動手段です。だからいま、病院もスーパーもマイクロバスを出したりしているわけですが、自動運転車ができれば、それらの問題の多くが解決するのではないでしょうか。

無料でやるかどうかは別として、人件費がかからないので、低予算で可能だと思います。

自動運転というのは、ほんとうに世のなかを変えるかもしれない、と思います。

同様に、飛行機でも自動運転がもっと高度になり、離着陸も自動でできるようになるでしょう。実は、いまでもすでにふつうの旅客機が自動で着陸していることも多いのです。

この先、アジアだけでも一〇万人程度のパイロット不足になるとの試算もありますが、現在のパイロット二人体制を、自動運転装置＋パイロット一人とすれば、そのパイロット不足の問題も解決するのではないでしょうか。

もちろん、フランスで起こったドイツのLCCのような、パイロットによる自殺行為を防ぐにはどうするかという問題もありますが、これも自動操縦を主にして、パイロット操縦を従にするような仕組みにし、万一パイロットが異常行動を起こした場合でも、機械のほうでそれを修正するようにすれば、問題は解決すると思います。

現在、アメリカ軍がイスラム国を攻撃している軍用機は、自動運転機、無人機が主流だと聞きます。ハッキングの問題などもあり、慎重に制度化していく必要はありますが、技術的に可能になってきていることは事実です。

そして、それらの技術革新はほとんどすべて、必要に応じて起こってきたことです。

必要に迫られて頭をフルにつかうことによって、いろいろな「発想」が出てくるのです。

12 「発想」は、志のあるところに生まれる

ソフトバンクが、ボーダフォンを約二兆円で買収したのに続いて、スプリント（アメリカ携帯業界三位）を同じく約二兆円で買収したのは二〇一二年のことで、いまもなかなか苦戦しているようではありますが、孫正義さんがなぜそこまでアグレッシブに事を進めるかといったら、そこに、通信革命という「志」があるからです。

こんな高い通信料をみんなが払っているのはおかしい、世界一の通信会社をつくって、その仕組みに革命を起こそうという志です。これは、地球の裏側にいる子どもたちが世界中どこにでも簡単にアクセスできるようにしたいと考えてのことだそうです。

そうした高い志、大きな志があればこそ、最初はソフトウェアの中古屋さんだったソフトバンクをここまで大きな会社にできたのだと思います。そこで儲けたお金で、ADSLの事業に果敢に参入する。さらに、そこで儲けたお金を信用力に借金して、二兆円でボー

ダフォンを買収する。そして、そこで儲けたお金で今度はスプリント、というわけです。

ふつうだったら、ちょっと躊躇してしまうようなリスクをとり続けています。ふつうの人にはなかなかできない。ふつうはしない発想です。そういう発想ができるのは、そこに志があるからです。

この章の最初で、「目標」が重要だということをお話ししましたが、**目標の上にあるのが「目的」、すなわち「志」**です。

昔のSONYにもそれがありました。新しいものをつくって日本文化の発展に貢献する、という志を持っていました。そこから、ビデオのベータという規格が生まれました。質的にはベータのほうがいいといわれながら、規格争いでは、大企業が連合軍を組んだVHSにやられてしまいました。しかしその後、そのベータの開発力はハンディカムへと受け継がれていきます。そのように失敗を生かすことができたのも、会社としての志が、社風となって広く根づいていたからなのでしょう。

SONYの現状を見ると、そこに志が見えなくなってきているのが少し残念です。

第2章のまとめ――発想力を鍛えるには……

1. 具体的になにをしなければならないかを明らかにする
2. 目の前の仕事に真剣になる
3. 脳が活性化するような場、発想が浮かびやすい時間帯を意識する
4. 情報をインプットし続けるために、絶えず行動を起こす
5. 相手にとってのベストを考え抜く
6. 過去をベースに新しい発想を生み出す
7. まずは真似してみる
8. 物事を違う視点から見る習慣を持つ
9. 自分の持っている視野や常識にとらわれないように注意する
10. ひとつのことをこれでもかというほど徹底する
11. 必要に迫られて頭をフルにつかう
12. 目標よりもさらに上位の目的、「志」を持つ

第3章

「発想力」を阻害する13の要因

世のなかには、「発想力」が豊かで、ばんばんアイデアが出て、それを実行に移している人もいれば、そうでない人もいます。見ていて思うのは、それは、もともと「発想力」があるかないか、というより、発想を妨げるものをどれだけ持っているのかの違いだということです。「発想力」を妨げている要因を取り除けば、だれでも、本来持っている「発想力」を発揮していくことができるのです。

では、どのような要因がわたしたちの本来の「発想力」を妨げているのでしょうか？代表的なものをあげてみましょう。

阻害要因❶　日常生活の活動の場が狭い

人にはだれしも「快適ゾーン」というものがあります。その中に入っているときは居心地がいいのだけれど、少し外れるとすごく違和感を感じたり嫌な感じがするゾーンを示す心理学の用語です。

なにが起こってもあまり動じない人というのは快適ゾーンが広い。逆に、ちょっとなにかが起こったらパニックになってしまうとか、人間が変わってしまうなどという人は、快適ゾーンが狭い。そんなふうに定義されます。

「発想力」との関連でいえば、当然、快適ゾーンが狭い人ほど、日常生活や行動の幅が狭く、ある程度決まっていることを好むため、発想もまた浮かびません。そもそも、発想というのは、枠を外れたところに生まれるものです。

さらにいえば、発想の材料となる情報にしても、集まる情報のバリエーションや量が少なくなりますから、いっそう「発想力」が妨げられてしまいます。

自分のいまいる場所に安住する、あえて一歩を踏み出さないというのは、「発想力」を阻害する大きな要因です。

阻害要因❷　過去の成功体験

第1章や第2章であげてきたように、成功した企業のトップというものは、ひとつの事業の成功から次への新たな発想を生み出すことで、さらに事業を拡大させてきています。

これに対し、多くの古い大企業が、現在、なかなか新しい時代のビジネスの潮流に乗り切れないでいるのは、過去の成功体験から抜け出せないでいるからです。これまで、倒産の憂き目に遭った企業の多くもそうでした。

たとえば、二〇〇五年、とうとうカネボウが破綻しました。そのときカネボウには、天皇ともいわれて君臨しているトップがいました。確かに、彼がカネボウの全盛期をつくりました。いまの若い方は知らないでしょうが、カネボウというのは昔、就職したい会社のナンバーワンに選ばれたこともあるほどの名門でした。

それがやがて衰退していく過程では、下からさまざまな改革案が出されていました。なかには優秀な人も少なからずいたので、カネボウの再生の力となる案もきっとあったと思いますが、トップの目にとまることなく、その取り巻きによって潰されてしまったといいます。おそらく、彼らの保身のためでしょう。

なぜなら、優れた改革案というのは、ある意味、いまのやり方を否定するものだからです。場合によっては、全否定しなければならないこともあります。すなわち、トップが成功させた過去のやり方を否定するような提案です。自分たちの既得権益が奪われる場合も少なくありません。

トップが断固として改革をやりぬかなければならないのですが、改革の必要性や改革案が、トップの耳に入らないように取り巻きが握り潰してしまうのです。それでは、どんなに優秀なトップでも、決断のしようがありませんし、新たなアイデアを考えることもできません。

個人についても同様です。わたしたちは、**昔うまくいった方法にどうしてもすがってしまう**ものです。それ以外の方法をとることへの恐れと同時に、過去にうまくいった方法を捨てるということが、自分自身を捨てることのように思えてしまうからです。

けれども、**優れた発想というのは、常に、枠を超えるものです。その「枠」とは、究極的には、自分自身の「枠」です。**

阻害要因❸　思考力の欠如

自分の考えを絶対視し、そこから抜け出せない。つまり、独善的な状態というのも、「発想力」の発揮を妨げます。でも、実はそれ、要するに、論理的思考力が足りないということなのです。つまり、物事を深く考えないと、独善的になる。

思考停止が「発想力」の妨げになっていることも少なくありません。

たとえば、よくお客さま第一といわれます。そのこと自体に反論の余地はありません。けれども、ただその姿勢を示すだけではダメです。お客さまは、挨拶をきちんとするとか、電話を早くとるといったことそのものにお金を払うのではなく、そういう姿勢から生まれたサービスや商品のQPS、つまりクオリティ、プライス、サービスにお金を払うのです。

ところが、独善的な人というのは、しばしば、電話の出方とか挨拶のしかたとか社内の清掃の様子とか、そういったところには口うるさいのに、なぜか、そもそもなにがほんとうのお客さま第一であるのか、というところには目を向けようとしません。世のなかの動き、お客さまの求めるものの変化という環境変化を見ようとしないのです。ちょっと考えれば分かりそうなことを考えようとしないのです。

「お客さま」といっても、自社商品の高価格帯を買っている方なのか、低価格帯の方なのか。場合によっては、どちらかに集中しないといけない場合もありますが、盲目的に「お客さま第一」を主張すると、一度お客さまになってもらった人には、どんなに不採算であっても、どんなことがあっても、商品やサービスを供給し続けなければならないということになりかねません。

不採算事業を続けるために他のお客さまにさらに高い商品を売ったり、場合によっては会社全体がおかしくなり、結局は、他の大切なお客さまにも商品やサービスを提供できないということになりかねません。

このように、「お客さま第一」を独善的に信じることで思考停止になることがあるのです。

独善的の反対は、松下幸之助さんがおっしゃったように、「素直で謙虚」であるということです。素直で謙虚だったら、自分の考えが絶対だなんて思いません。だから積極的に衆知を集めようとします。そして、自分の考えを広げるとともに深めるように努めます。もっと掘り下げて考えればどうなるだろうということです。

発想とかひらめきというと、論理的思考力とは別のもののように思うかもしれませんが、**衆知を求め、そもそものところから論理的に考えていく思考のなかから、さらに新たな考えが生まれる**ものなのです。

阻害要因❹　関心の幅が狭い

いろいろなところで書いていますが、わたしは、月曜日の日経新聞を読むとき、必ず景気指標を読みます。なので、自慢ではありませんが、景気指標欄に出ている最近の数字は、ほとんど全部そらで言えます。でも、別に記憶しようとしているわけではありません。興味があるから憶えてしまうのです。

たとえば、二〇一四年一〇～一二月の実質GDPの伸びが速報値で二・二％と出たのを覚えていますが、それは発表前からいくらになるのかと、ずっと考えていたからです。四～六月期、七～九月期と、大きく下がったので、プラスになるだろうという予測はありましたが、いったいどの程度プラスになるのかなと関心を持って見ていました。

さらに、シンクタンクなどの三％台だという予測を知っていたこともあり、二・二％と出た瞬間に、予想より低いなということに気づきました。

そして次の瞬間にわたしがしたことは、相場をチェックすることでした。ＧＤＰの発表は八時五〇分、株式市場が開くのは九時です。はたして株価は上がるのか下がるのか？

これが学者の方だと、たぶん相場は見ずに、二・二％の内訳として、ＧＤＰを支えている個人消費と住宅投資、企業の設備投資と政府の支出、さらには輸出と輸入の差のうち、どれが上がりどれが下がったのかという分析を始めるのではないかと思います。

でもわたしは、それはあとでいいと思いました。そのような細かい情報は逃げないから、夕刊で見ても遅くはないだろう。それより、相場がどう反応するのか、つまり市場はそれをどう見るのかを、一刻も早く知りたいと思ったのです。

これは、いってみれば興味の問題、関心の問題です。ＧＤＰの話なんて、自分のビジネスとどう関係あるの？　自分の仕事と、あるいは人生と、どう関係あるの？　という人たちには、まったく目にも頭にも入ってこないでしょう。でも、わたしの場合は、そういうことをずっと考えているので、別に記憶しようと思わなくても、数字や新聞記事が頭の中に自然に入ってくるのです。

世のなかのすべての人がわたしと同じ関心を持つべきだと言いたいわけではありません。ただ、**関心の領域、幅は、広いほうがいい**と思っています。そのほうが発想の幅も広がります。異分野の知識の組み合わせから、思いがけない発想が生まれる確率も高くなります。

では、どうしたら、関心の幅を広げることができるでしょうか？

一番いいのは、**アウトプットの機会を増やす**ことです。関心の幅が広がらないのは、結局、アウトプットしなくていいと思っているからです。もっというと、小さな自分でもいいと思っているからです。情報を遮断しているというか、周りにあるのだけれど、自分にとっては関係ない情報だと思ってしまっている。だから、目に飛び込んでこないのです。

ですから、まずアウトプットの機会を増やすこと。そうすれば、必要は発明の母なので、自然に関心の幅も広がるはずです。

阻害要因❺ ユーモアのセンスがない

第2章でも触れましたが、関西人にとっての最大の賛辞は、「オモロイ」と言われることです。実際、高校のクラスのヒエラルキーのトップは、一番オモロイやつ。落語部と柔道部の両方に入っていたやつが、まさにスターでした。

わたしが出演している毎日放送の「ちちんぷいぷい」では、このところ味覚糖さんとタイアップして「ぷいぷい飴」という飴をつくっています（ちなみに、「ぷいぷいパン」も出したことがあり、コンビニやスーパーなどで売られて、数百万個出た年もあったそうです）。

なぜ飴かというと、大阪のおばちゃんが必ずといっていいほど飴を持っているからです。わたしの母もそうでした。よく喋って喉が渇くからではありません。だれかにあげるためです。電車の中で知らない人にも、「飴あげようか」と声をかけます。最近では減ったようですが、それが挨拶というか、礼儀なのです。知り合いと話しているときなどは、なおさらです。

こんなこと、東京の人はしませんよね。「ぷいぷい飴」をつくって売るという企画の発想は、大阪のおばちゃんというベースにいつもオモロイことをしてやろうと競って考えて生まれた、関西ならではのものだと思います。

発想力の豊かな社長さんなどを見ていて共通するのは、関西人ではないけれども、みなユーモアのセンスを持っているということです。関西でも十分通用する「オモロイ」方が多い。逆に、ユーモアのひとかけらもないような人は、優秀かもしれませんが、発想力という点ではむずかしいな、と感じてしまいます。

阻害要因❻　できない理由・やらない理由集め

わたしはたいていの人が、多少の違いがあっても、ある程度の潜在能力を持っていると思っています。ただ、現実的にはその潜在能力を多くの人は十分には発揮できない。一方、一部の人はその能力を目いっぱい発揮できる。その差の多くは、**失敗を恐れて後ろ向きに発想しているか、あまり失敗のことは考えず前向きに発想しているか**の違いだと思います。

もちろん、そこには、社会人になる前までに得てきた自信、自己肯定感の大きさも関係しているでしょう。逆にいえば、劣等感の大きさです。同じ困難に遭ったときに、自分にはできると思うか、どうせうまくいきっこない、とすぐにあきらめてしまうかの違いです。頭の良さは関係ありません。

で、どうせうまくいきっこないと考える人は、できるところからではなくて、できないところから考えてしまうのです。さらにいうと、**やらなくてもいい理由を探し、****やらなくてもいい「合理化」をする**のです。

この「合理化」というのは心理学の用語で、自分の心の安定を保つために、やらなくてもいい理由を考えることを指します。

やらない理由、できない理由なんて、いくらだって出てきます。そこをあえて、「できないかもしれない。でも、もしできるとしたら?」と「できる理由」を考える人だけが、できるのです。発想もそこから生まれます。逆にいえば、ネガティブに考えているかぎり、前向きの発想は決して生まれません。

失敗への恐れよりも、**自分にはできる、きっとできる、なにかできる方法があるはずだ、と思うこと。「発想力」はその前向きの気持ちから生まれてきます。**

阻害要因❼ 言われたことしかやらない

言われたことしかやらない。何事もマニュアルどおりにきちんとやるが、新しい工夫をしようとしないでいると、本来持っていたはずの「発想力」もだんだん衰えてきます。まじめな人ほど、言われたことをマニュアルどおりにきちんとこなそうと、知らず知らずのうちに、管理に順応しすぎてしまうことがあります。これには十分気をつけなければなりません。思考が停止してしまいます。

こうなってしまうのは、出る杭が打たれるような会社の社風もあるかもしれませんが、本人の問題ももちろんあります。決まったことだけをしていれば、失敗のリスクは最小限になりますし、言われたことだけをしているかぎり、たとえ失敗したとしても、責任は言った人にあるわけなので、責任をとる必要はない、と考える。要するに、失敗を恐れているという問題です。

さらにいえば、自分事だと思っていないのです。どこか他人事だと思っている。だから、言われたとおりにいつまでもやり続けることができるのです。言われたこと以外、目に入らないともいえます。

自分事だと思っていれば、たとえ言われたことであっても、必ず新しい発想が生まれます。より良い方法、より発展的な方法を思いつくものです。

逆に、「発想力」がないから言われた仕事しかやらない、できないということもあります。これは、悪循環です。

言われたことしかしない↓
「発想力」が衰える↓
さらに、言われたことしかしない↓
さらに、「発想力」が衰える

この悪循環を断ち切らなければなりません。そのためにも、**あえて一歩踏み込んで仕事をする習慣を持つ**ことが必要です。

若い人よりもむしろ創業社長のような人のほうが発想力が豊かだったりするのは、もともとそうだったから社長になったともいえるし、会社で起こっていることのすべてを自分事だと思っているために、なにを見ても発想が湧いてくるからだともいえます。たいてい、オフィスの床に落ちている小さなゴミに最初に気がつくのは、社長です。

ある中小企業の社長は、オフィスのコピー機の蓋が開いていたり、裁断機のカッターが少し浮いているのが気になって、いつも蓋を閉じたり、刃を下まで下げて回ることになると言っていました。すべて自分事だからです。自分事だから、一歩踏み込めるのです。

創業社長ではない若い人も、たとえ言われた仕事、与えられた仕事であっても、それを自分事だと思っていますより一歩踏み込んで行うことを習慣づければ、創業社長と同様の視点からの発想力を持てる可能性が大いにあります。松下幸之助さんは、「全員が店主だと思え」とおっしゃっていましたが、責任感だけではなく、発想力の点からも、その通りだと思います。

阻害要因❽　事なかれ主義の社風

失敗やリスクを避けようとする傾向については、ビジネスマンの場合は、所属する会社の社風の影響も大きいようです。

たとえば、優秀な人がたくさん集まる比較的保守的な業界では、評価が減点方式となりがちで、一度でも失敗すると、二度と主流派には戻れない、といった風潮になりがちです。

また、先にあげたカネボウの例のように、ある程度の成功をおさめた企業のなかには、おもに幹部の人たちの間に、自分の保身のためにも現状維持のための事なかれ主義が蔓延してしまうこともあります。あえて波風を立てず、自分の任期中なんとか高待遇を得ながら過ごせればいいといったような考えです。

しかし、実際には、現在のような変化の激しい時代において、**企業に現状維持というものはなく、前進か衰退か、どちらかしかない**のです……。

トップの考え方はともかく、たまたま上司に事なかれ主義、減点主義の人がいる場合もあるでしょう。つまり、出る杭は打たれる社風、そういうなかでは、「発想力」もなかなか育ちません。

変に「発想力」があってアイデアを出しても、それが却下され続ければ、やる気もなくなるもの。そのような状況に長くいれば、そのうちせっかく「発想力」があっても減退していってしまいます。頭も、筋肉と似たようなところがあります。

それに対し、サントリーの佐治敬三さんではないですが、「やってみなはれ」という社風があるところには、発想もまた生まれやすいものです。

わたしの持論のひとつに、「小さなリスクを恐れるな、大きなリスクはとらせるな」というものがあります。小さな失敗なら、それが前向きのものであるかぎり、実行力をともなう「発想力」が育ちます。

あなたが上司なら、失敗を恐れずに部下にいろんなことをやらせることです。もちろん、責任をとる覚悟も必要ですが、致命傷となるようなものでなければやらせることです。

もし、あなたが、波風を立てないような社風の会社にいたら、「発想力」を発揮する機会は少ないかもしれません。それでも「工夫」する余地はいくらでもあると思います。

いまの業務の効率改善、少なくともあなた自身の仕事の範囲なら効率改善ができるはずです。さらには、お客さまや上司に対するプレゼンや提案の工夫も、あまり周りに波風を立てないやり方でできるはずです。

逆にいえば、**波風を立てずに、自分の考えを実行に移そうとする**ことも、「発想力」を鍛えるとても良い機会になるということです。なにもしないことが、とにかく一番良くない。ここでも「前向き」であることが大切です。

阻害要因❾　自由にものが言えない社風

「事なかれ主義の社風」と似ていますが、自由にものが言えない雰囲気、というのも、「発想力」を阻害する社風の代表的なものです。

先にも、「アイデア社長は会社を潰す」と書きましたが、独善的なカリスマ社長や上司のいるところでは、なかなか話しづらいものがあります。そして、言うと反論されるから言わない。さらには、責任をとらされるのが嫌だから言わない。そして、どうせ社長が考えるだろう、ということで、社員が考えなくなる。アウトプットしなくなる、という弊害もあります。

ほんとうは、社長や上司が考えつくぐらいのアイデアなど、部下だって考えついているものです。でも、言って下手に叩かれるより、まあ、社長や上司に言われたことを表面的にやっている振りをしていればいいか、とそういう空気が蔓延してしまうのです。すると、社長は社長で、部下たちはなにも思いつかない、自分がいないとダメだ、と思ってしまう、というわけです。

実際、考えない習慣が続くと、発想もまたほんとうに出てこなくなります。わたしは、結構たくさん、こういう会社を見てきました。

大きな会社だと、部長クラスに、わーっと会議などでアイデアをまくし立てる人がいるかもしれません。でも、声の大きい上司の下では、部下は、なかなか自由な発想を出せないものです。

わたしはよく、あるべき社風について「**規律の中の自由**」という言い方をします。みんな規律を持ってきびきび働いている、その中で、自由に発想して自由にやらせる——わたし自身の会社もそういう社風にしたいものです。

それでは、部下になにも言わせないカリスマ独断社長や上司の下で働いている人は、どうしたらいいのでしょうか？

ずっと黙っていたら、「発想力」や「思考力」は間違いなく落ちます。先にも述べたように、頭も筋肉と同じですから、つかわなければ落ちます。このような会社では、会社自体の先がないかもしれませんが、それでもしばらくはしがみついて、自分の能力を高めなければ転職ができないこともありますね。転職するにも「発想力」や「思考力」は大きな武器になりますし、逆にそれがなければ、転職先でも成功しません。

では、どうすればいいか？

発表、発言しなくても、自分の考えやアイデアをどんどん書いておくことです。人に見せなくとも、アウトプットしておくのです。そして、それらをときどき見返すのです。それにより「発想力」や「思考力」を高めておくのです。

わたしは**「チャンス」の対の言葉は「準備」**だと思っています。ふだんから準備を怠らないことが大切です。とくに、自分の意見を発表できないような立場にいる人はなおさらです。書くことが、自分の考えを整理し、発想を豊かにし、思考力を高めます。

阻害要因⑩　アウトプットの習慣がない

前項の「書いておく」とも関係しますが、フェイスブックやブログにきちんとした記事をアップしている人には、中身に応じて、ある程度の「発想力」を感じます。書き続けることが、「発想力」の基礎になっているのではないでしょうか？

逆に、フェイスブックでもブログでも会議での発言でも、なんでもいいのですが、ふだんから**アウトプットしていく習慣がないと、「発想力」はだんだん枯渇していきます。**力が出なくなってしまうのです。

「発想力」が枯渇するだけではありません。そういう状態では、とかく人は批判的になります。人の意見にはリスク面を述べ、ではなにをしたいの？　と聞くと、とくに意見があるわけではない。発想がないのです。

意見があるからアウトプットするのではなく、アウトプットするから意見が生まれてく

るのです。それも、前向きのアウトプットをしていくなかで建設的な意見が生まれます。意見を「発想」に置き換えても同じです。

ただ、これについては、アウトプットする必要に迫られる仕事を持っている人は有利かもしれません。自分を振り返ってみれば、会議への出席、講演、テレビでのコメンテーター、連載や本の原稿執筆などの仕事をしていくなかで、常にアウトプットを迫られています。

大阪で長く出演させていただいている「ちちんぷいぷい」の他に、いま、やはり大阪で、「VOICE」という夕方のニュース番組でコメンテーターをしています。バラエティ番組である「ちちんぷいぷい」と違って、ニュース番組のひとりコメンテーターですから、逃げ場がない。必ずなにかコメントしなければなりません。

始まる直前に二〇分ほど打ち合わせがありますが、ニュースのVTRは本番で初めて見るので、打ち合わせのときとは違う感覚を抱くこともありますし、秒単位で話す時間が決まっていることも少なくありません。反射神経で答えてしまって、失言騒動を起こしてしまってもいけませんが、かといって無難なだけのつまらないコメントではうけない。まさに、日ごろの「発想力」が問われます。

一方、「ちちんぷいぷい」のほうは、お笑い芸人さんたちと並んでのコメントとなりますが、今度はまた別の神経をつかいます。たとえば、以前、「大阪城の所有者はだれか？」というクイズが出ました。桂ざこばさんなどもいましたから、当然、だれかが「上沼恵美子」と答えるのだろうと思ったのですが、だれも言わない。彼女の力が絶大で芸人さんたちはいじれないのかな、じゃあ、僕が言って笑いをとろうかな、でも、僕は背広にネクタイの経済評論家のコメンテーターとしての役回りだから、お笑いの人の笑いのネタをとってはいけないよな、などと一瞬のうちにいろいろ考えた末、まじめな答えの「大阪市役所」と答えてしまいました。

そのときの司会の角さんのがっかりした表情をいまでも覚えています。コメンテーターも、実は結構いろいろと考えて発言しているのです。

いずれにしろ、こちらも毎回、「発想力」を問われ続けているわけです。

阻害要因⑪　時間で勝負する

毎日遅くまで残業して大量の仕事をこなす人は少なくありません。でも、そうやって時間で勝負しているうちに、必ずどこかで頭打ちになります。時間というのは二四時間しかないからです。時間をかけられなくなったところで、それ以上の生産性の向上は望めなくなります。時間ばかりかけて仕事をしていたら、あるところで行き詰まってしまうのです。

必要なのは、仕事の質を高めることです。松下幸之助さんは、このことについて、

「汗水垂らして働くことはとても尊いことだけれど、同じ結果を汗水垂らさずにやれるようになることは、もっと尊い」とおっしゃいました。

かける時間数に頼らずに、短い時間で同じ結果を出そうとする場合、そのための工夫が

必要となります。つまり、「発想力」が必要となります。時間で勝負することが「発想力」を阻害する要因となる理由は、ここにあります。

阻害要因⓬　記憶力で勝負する

知識を詰め込むことにも、限界があります。そもそもいくら頑張ってもコンピュータにはかないません。それ以上に良くないことに、**記憶ばかりしていると、頭が悪くなります。**他者の発想をある程度真似することはできるけれど、オリジナリティのあることを発想できなくなります。

日本の入学試験はセンター試験もあり、ほとんど記憶力で通る試験です。思考力はいりません。これに対し、アメリカの大学や大学院の入学試験は、全米共通の試験を足切りに使ったあとは、願書が勝負になります。自分はなにをしてきたか、なにをしたいのか、どう学校に貢献してきたかなどを書いて提出するのです。

わたしは、結局、ダートマス大学タック経営大学院に行ったのですが、試験を受けたペンシルベニア大学のウォートンスクールの入学試験も印象的でした。「あなたは宇宙にひとりでいたらなにをしますか」という質問があったのです。わたしは、ギネスブックを一冊持っていくと書きました。そして、それを見て、なにかギネスに挑戦して、世界一になれることをそこで探すと書いたのです。

大学入試の影響か、上位校出身者になるほど、記憶に頼ろうとする人がたくさんいます。もちろん、ある程度の知識を持っていることは必要です。でも、彼らが知っている情報のほとんどは、グーグルで検索すれば出てきます。そしてタダで手に入ります。

ですから、これからの時代、ビジネスマンは、**知識に頼るより思考力に頼るほうが成功する**と思います。

わたしは、前にもお話ししたように、日経新聞の月曜日の景気指標欄の最新の数字が、ほとんど頭に入っていますが、それは覚えようとしているからではなく、興味を持ち、自分なりに理解しているからでした。

知識は覚えるものではなく、自分なりに解釈し理解することで自然に頭の中に入ってくるものです。逆にいえば、そういう情報でなければ、頭の中の引き出しからいつでもサッと引き出せるほんとうの情報、つまり発想の種にはならないのではないでしょうか。

阻害要因⑬　現状に満足している

先日、外資系企業の役員さんと話をしていたなかで、彼が口にした「なんとか生き残っています」という言葉が耳に残りました。それは本音だと思います。外資系の金融機関の人もそうですが、生き残る努力をしないかぎり生き残れない、という危機感が日系企業の方より圧倒的に強い。
とくに投資銀行員ともなると、過去の実績はほとんど関係なく、その期間の収益だけで判断されるので、常に新しいことにチャレンジしていかないと、明日がない。常にお客さまを開拓しなければならない。そのために新しいことをやっていかないと続かない。独立系のコンサルタントも同じでしょう。ベースで入ってくるお金があるわけではないからです。そういう人は、発想が豊かになります。

逆にいえば、**必死さがなくても食べていけるような仕組みになっている場では、なかなか発想力は発揮されない**ものです。なにも、危機感を持って走りなさい、ということではありません。けれどもやはり、どこか生存本能を刺激されるような部分がないと、「発想力」なんてものは生まれてこないように思います。

いろいろな本の中で書いているわたしの好きな言葉に、「Good は Great の敵である」があります。ジム・コリンズの『ビジョナリー・カンパニー②　飛躍の法則』の本文の冒頭の言葉です。

Goodで満足してはいけないのです。Greatを目指すべきなのです。また、そうでないかぎり、Goodの状態を維持することすらできません。そのためには、「発想力」が必要です。逆説的かもしれませんが、**Goodで満足していては、「発想力」も弱まる**のです。

Greatを目指すためには、いまここであげた外資系金融機関の人のように追い詰められることも必要かもしれませんが、それよりも、もっといいのは、**常に「なれる最高の自分」を目指すこと**ではないかと、わたしは考えています。

第３章のまとめ――発想力を阻害してしまう行動・習慣とは……

1. 自分のいる場所に安住し、一歩を踏み出さない
2. 過去の成功体験や、自分自身の「枠」にとらわれてしまう
3. 物事を深く考えず独善的になってしまう
4. 関心領域が狭く、アウトプットの機会も少ない
5. ユーモアのセンスがない
6. 失敗を恐れて後ろ向きに発想してしまう
7. 何事もマニュアルどおりにきちんとやるが、新しい工夫をしようとはしない
8. 減点方式の評価基準にやる気をなくしてしまう
9. アイデアをアウトプットせずに、飲み込んでしまう
10. ふだんからアウトプットに対する準備を怠っている
11. 時間ばかりかけて仕事をしてしまう
12. 自分なりに解釈したり理解しないままに情報を単純に記憶する
13. 「なれる最高の自分」のために必死になっていない

第4章

「発想力」養成のための11の習慣

ここまでにも触れてきましたが、わたしは、本来だれもが豊かな「発想力」を持っていると思っています。ただ、第3章で見たように、環境や経験など、さまざまな要因でそれが阻害されている人がいます。一方で、「発想力」を発揮し、高める方向にうまく歯車が回っている人もいます。

この章では、多くの人が本来持っている「発想力」を引き出し、育てていくためのより具体的な方法をあげておきます。「発想力」は習慣です。これまでにお話ししたことと重複する部分もあるかと思いますが、その習慣を身につけていただければ幸いです。

1　いろいろなところに行く・見る・経験する

「はじめに」でご紹介した原さんは、若いころ世界中を回っていました。その経験が彼の自由な発想に与えている影響は大きいと思います。

わたしも、若いころに留学したことやカンボジアでＰＫＯに参加したこと、独立したことなどが、発想力に大いに役立っていることも前述のとおりです（危ないことをするのを勧めているのではありません。念のため）。

本やネットから発想の素材となる知識・情報を得ることも重要ですが、やはり実際の経験にはかないません。ほんとうに見て聞いたものの情報量、刺激の大きさにはかなわないのです。

わたしのお客さまは、多くが二代目、三代目の社長さんで、いい意味でも悪い意味でも、お金持ちのおぼっちゃま、おじょうさまが少なくない。若いころ、いろいろなところに連れていってもらったり、海外に別荘があったり、留学していたり、あるいは海外に暮らしていたことがあったりという人も珍しくありません。それがある意味、彼らの自信や自由な発想力につながっていたりするのではないかと思います。

おぼっちゃま、おじょうさまではない人たちは、そのぶん、いまからでも機会を見つけて、国内外を問わず、いろいろなところに行って、できるだけ多くの経験を重ねることです。もちろん、楽しい経験だけでなく、厳しい経験も役に立ちます。

旅行にかぎらず、ふだんは行かないような場に行く機会があったら、積極的に足を運ぶこともお勧めします。

昨年（二〇一四年）、NHKの「限界集落株式会社」という土曜ドラマのアドバイスをする機会をいただいたご縁で、スタジオでの撮影に立ち会わせていただきました。わたしもテレビに出ているとはいっても、情報番組やニュース番組です。ドラマの収録現場を見るのは初めてで、多くの発見がありました。

たとえば、わずか五分か一〇分の収録のために、丸一日を費やすことです。「本番」が何回もあるということも初めて知りました。ふたりが会話している場面で、交互に顔がアップになることがありますね。あのとき、一人ひとりのアップの撮影を、一回ではなくそれぞれ分けて撮るのです。

つまり、同じシーンを二回分、別の角度からのカメラで撮るのです。そうしないと、片方のアップの顔を撮るとき、後ろにカメラが見えてしまいます。だから、ひとつのシーンを何回も撮ることになる。そのため、本番が何回もあるのです。初めて知りました。

後ろに壁があったりする設定だと、その都度、壁を取り付けたり外したり。ともかく、気の遠くなるような手間暇がかかっていることを知りました。俳優さんたちが待ち時間をどうつかうか、いろいろ工夫している理由も分かりました。以来、ドラマの見方が変わったことは言うまでもありません。

こうした経験が、すぐになんらかの発想を生み出すというわけではないのですが、脳の中の引き出しの中から、必要なときに、いろいろな形で現れるのではないかと思っています。

2　先に学んで深く見る

いろいろなところに行ったり見たりする際、事前に調べておくと、いっそう見方が深まります。

わたしは絵が好きなので、欧米に行った際は、必ずといっていいほど美術館に立ち寄ります。たとえば、ロンドンのナショナルギャラリーに、大きなルノワールの絵があります。村の祭りかなにかで、ルノワールの妹とその恋人かだれかがダンスをしている縦長の絵です。

ところが、その絵をよく見ると、右と左で画風が違うことに気づきます。どういうことかというと、ルノワールはその絵を描いていたころ、一時期イタリアに行っていました。で、描き始める前と、イタリアへ行って帰ったあとで画風が違ってきたというのです。そういうことを知ったうえで見ると、見方も違ってきますよね。

ところで、ルノワールは晩年、リウマチに冒され、絵筆も持てないほどだったといいます。それでも、晩年、きれいな絵を描いています。リウマチの手でも、ここまで描けるのかと、見方が違ってきます。さらに、色が鮮やかになっていることにも気づきます。おそらくは静養のために地中海に引っ越したことが影響しているのでしょう。だから、地中海の強い光の中での色彩をベースに、鮮やかな色をつかうようになったのです。

このように、少し勉強してから見るだけでも、分かることがたくさんあります。

観光旅行やコンサート、観劇も同様です。もちろん、予見なしの感動というものもあります。それはそれでいいと思います。でも、たとえば歴史的に由緒あるところへ行くのだったら、少し調べておけば、ここで秀吉は酒を飲んだのかなどと、やはり見方が違ってきます。**関心の度合いが異なってくるので、インプットの量も強さも変わってきます**。それにより、脳の中にある引き出しの質も変わります。それが、「発想力」というアウトプットにも関わってくるのではないかと思います。

3　多くの人に会う

人と会うことは、最大の刺激となります。それが、「発想力」の高い人であるならなおさらです。わたしも原さんやテレビ東京の岡さんと会っていると、とても刺激を受けます。「発想力」の高い人と会うなかで、その方の発想の面白さに感嘆するとともに、その人が物事のどういうところに着目するのか、どんなふうに考えるのか、さらには、どんな日常生活を送っているのかを知り、学んでいくことができます。「守破離」という物事を習得する原則のとおり、まずは優れた人のパターンに倣うわけです。

また、世のなかには、ふつうの人とはかけ離れた、奇抜な発想をする人、ふつうの人には到底真似できないような大胆な行動をする人がいるものですが、そういう人と出会ったらチャンスです。この場合は、真似することはできないかもしれませんが、「おーー！

そこまでしていいのか！」と、自分の殻を破るきっかけになるかもしれません。ともかく、できるだけ多くの人に会ったほうがいいでしょう。

このとき、**会話の応酬のなかでの相乗効果**も期待できます。その人が持っている発想と自分が持っている発想を組み合わせることができるかもしれません。お互いのいいところが出るような人と出会うと、お互いに自分の発想が広がっていくのを感じます。

ここで注意しなければいけないのは、**会う人を好き嫌いで決めてしまう**ことです。こういうタイプの人に会いたくないなというのがだれしもあるものですが、そういう人からこそ学べることもあります。タイプの違う人というのは、発想が違うわけですから、ちょっと話が合わなそうだな、という人に会ったら、これはチャンス！と思って、毛嫌いせずにいろいろ話してみることです。まったく異分野の人の集まる会でも、お誘いを受けたら、時間があればとりあえず行ってみることです。

わたしの尊敬する昔のボスは、いつも「人と会うと、いいことがあるよ」と折に触れ言っていました。その方自身、とにかく人と会う。朝ご飯をだれかと食べる、ランチも別のだれかと食べる、場合によっては、ランチを二回とったりしていました。夜となるともっとすさまじく、まず、夕方五時くらいにホテルのバーなどでだれかと会って、カクテルを共にする。メインディナーはまた別の人ととり、二次会をまた違う人と行く、といった具合でした。鰻をごちそうになったあと、別の方にフランス料理を振る舞われる、なんてことも珍しくなかったと思います。

わたしが知っているかぎり、その方はそういう生活を少なくとも二〇年は続けていたと思います。彼に会いたいと言ってやってくる人はほんとうにたくさんいて、十分選んだうえでも、そんなふうにしないと会いきれなかった、という事情もあったと思います。

渋沢栄一も『論語と算盤』のなかで、会いたいと言ってきた若い人には、よほどの事情がないかぎり、必ず会うと書いています。若い人に教えてあげたい、というのもあるでしょうけれど、それ以上に、若い人と会うことで自分自身得られるものがあったからでしょう。

わたし自身も、熱心な読者の方がお手紙をくださったり、直接お電話をくださった場合、短い時間ですが、お目にかかることがあります。わたし自身、勉強や刺激になることが多いからです。

4　新聞を読む・本を読む・テレビを観る・ネットを見る

いろいろなメディアを毛嫌いせずに読んだり観たりすること。これは、関心の幅を広げるための習慣です。実際に行く、会うことと比べると、インパクトは小さいかもしれませんが、それでも、インプットの質を高めることにつながりますし、他の方のアイデアを知るうえで、結構良いきっかけにもなります。実際に行く、会う、ということを補ってくれるものとなります（アフリカの奥地などへは、そう簡単には行けませんからね）。

そして、メディアに関しても、いつも決まった好きな番組、好きな新聞の欄、好きなサイトよりも、**見る気はなかったし、その存在も知らなかったけれど偶然見てしまった番組やサイト**などのほうが、いつも見ているものより刺激的で、新しい発想をもたらしてくれる、ということがよくあります。

このため、わたしが習慣にしていることのひとつは、たとえば1チャンネルを見たあと

6チャンネルを見よう、というような場合に、いきなりリモコンで6を押すのではなく、矢印のボタンを使って、ひとつずつチャンネルを切り替えていくことです。1の次は2、その次は3といった具合です。その結果、ふだんだったら絶対見ないような教育放送の番組が面白くて、結局最後まで見てしまった！ というようなことがよくあります。

新聞については、必ず**一面のトップ記事を読む**ことです。

新聞の一面はほとんどの人が見ると思いますが、たいていは、見出しだけ見て、分かった気になってしまう。あるいは、興味があれば読むけれど、興味のない話題だと、この記事はいいやと思って飛ばしてしまうものです。

でも、一面のトップ記事というのは、新聞社がその日一番重要だと思って載せているものです。だとしたら、たとえ自分は関心がないことでも読むべきでしょう。そうやって関心の幅を広げれば、見えるものが違ってきます。

わたしは必ずカバンの中に、ニューズウィーク日本版を入れています。日経ビジネスもとって読んでいますが、関心の幅を広げるには、ニューズウィークのほうが役に立ちます（ビジネスには、毎日ふんだんに接していますからね）。ニューズウィークには、たとえばアフリカでこんなことが起こっていますとか、南極でこんなことが起こっていますといった、**自分の日常にはあまり関係のないようなニュース**が載っているからです。

本についても、すぐに役立つスキル本も良いですが、ノンフィクションや人文書など、少なくとも、話題になっている本や高い評価を受けている本は、自分の現在の関心とは関わりなく、読んでみたほうがいいと思います。**関心の幅が広がるだけでなく、深さが増す**からです。新たな発想の原泉となるかもしれません。

若い人によく、僕はこういうのが好きで、それ以外には興味がありません、と即座に言う人がいますが、わたしはそれに対して、講演などではこういう言い方をします。「あなたの関心になんか、社会はなんの関心もありません。社会の関心に自分の関心を合わせる訓練をしないと、社会はあなたを評価しなくなりますよ」と。

なにがしかのものになりたい、社会になにがしかの影響を与えたい、貢献したい、と思うのだったら、**自身の関心の幅を社会の関心の幅にできるだけ近づけていく訓練**を日常の中でしていくことをお勧めします。

5 経験に投資する

本を買うにも、人と会うにも、いろいろなところに行くのにも、ある程度のお金がかかります。わたしがちょっと気になっているのは、お金がないという理由で、それらにかけるお金をケチる人が増えてきているように感じることです。そして、将来が不安だと言って貯金するのです。

でも、毎月一万円貯金したって、年に一二万円、一〇年で一二〇万円にしかなりません。若いうちはそれよりも、経験にお金をつかうべきです。本を買ったり新聞を読んだり、あるいは、人と会ったり、人の誘いに乗ったりする経験に投資するべきです。経験が発想を生み、そこから形あるものをアウトプットしていけば、あっという間に、何倍、何十倍にもなって返ってきます。

わたしも若いころは、一般のサラリーマンでしたから、それなりの収入しかありませんでした。こうして多くのアウトプットをさせていただくにつれて、経済的にも余裕が持てるようになりました。そうして、さらに多くの経験（＝インプット）ができるようになりました。

ザ・リッツ・カールトン大阪の話ができるのも、新幹線のグランクラスの乗り心地について話せるのも、それを実際に使っているからです。

もちろん、ぜいたくしろと言っているのではありません。経験、それも若いころの経験には、やはり時間やお金の投資が必要です。それでアウトプットの質を高めていくのです。お金をかけなくても、とにかく経験してみることです。

そうやって収入が増えれば、またそれを経験に投資する。するとまた、価値あるアウトプットができるようになって……と、良い循環が始まります。

アウトプットの前提には、インプットがある。インプットするためには、ある程度の投資も必要なのです。

6　知らない道を行ってみる

知っている道と知らない道があったら、まず、知らない道のほうを行く。

これも「発想力」の高い人に共通する行動様式のひとつです。

気持ちが後ろ向きになっているとき、なにをするのも億劫な気がするとき、というのがあるものですが、そういうときこそ、知らない道を選んで目的に向かってみるのがいいと思います。この先どうなるのか、とちょっとワクワクドキドキする。そして、知っているところに出てくると、ほっと安心する反面、ちょっとがっかりしたり。

ところが、あまりに忙しいときには、知らない道にチャレンジする余裕もなくなります。「発想力」には心の余裕も必要で、**知らない道を行くというのは、チャレンジするということとともに、心の余裕を常に持っているということ**にもつながってきます。

まずは小さなチャレンジです。

ただし、海外の裏道で、知らない道を歩くのはやめましょう。大通りから一歩入ったパリでも、迷子になる人が続出するようですので、自分の方向感覚を過信しないように。また最近、わたしの親しいお客さまがイタリアの裏通りで強盗に遭ったと言っていました。海外での裏通りはお勧めしません。念のため。

7　迷ったらやる

迷ったらやる、これも「発想力」の豊かな人に共通する習慣ですが、その前提として、ふだんから身体を動かす習慣があることにも注目してください。身体を動かすといっても、スポーツジムに行ったり、ランニングをしていたりということだけではなくて、**日常**

生活の中でフットワークが軽い、腰が軽いこともそうです。

どうも自分は優柔不断だ、迷ったらやらないほう、知らないことより知っていることのほうを選びがちだという方は、まず、日常生活の中で腰を軽くするよう心がけてみると良いでしょう。ちょっとしたことでもやってみる、動いてみることです。

小宮コンサルタンツでは、朝から全員でお掃除をしていますが、これは気づく人になる訓練であるとともに、身体を動かす習慣をつけるのにも役立っています。身体が軽くなると、心も軽くなる。考えるより行動したほうが早いことが実感できると思います。

それともうひとつ、「発想力」の豊かな人というのは、たいてい、**新しいものが好き**です。新しいスマホ、便利な電化製品、話題の文具など、とりあえず使ってみようとします。少なくとも、これだけスマホが普及しているのに、試してもみないで「わたしはガラケーが好きなんです」と言い張るような人で、すごい発想をする人には、いまのところ、お目にかかったことがありません。試したうえで、やはりだめならガラケーをつかえばいいのです（いずれにしても、もうしばらくするとガラケーの生産は終わるようですが……）。

8　いろいろな場に慣れる

やはり緊張しているときには、いい発想は生まれません。どこにいてもリラックスしていられるなら、発想が生まれる場も広がります。そのためには、いろいろな場に慣れておくことです。テレビやラジオ、講演、オフィシャルなパーティなどはその代表的なものなので、機会があったら躊躇せずにそういう場に出向くこと、依頼があったら断らないことです。そういう意味では、いろいろな場に出かけていく、誘われたら行く、ということを習慣づけておくと良いといえます（テレビや講演の依頼がこないという方は、やはり依頼がくるほどに実力を上げる努力を地道に積み重ねることです）。

では、初めての場で、あまり緊張しないようにするにはどうしたらいいでしょうか？

まず、**心配事をなくすことです。むしろ、気持ちを切り替えて心配事を忘れること**、といったほうがいいかもしれません。

わたしはこれには持論があって、自分がコントロールできないことは、考えてもしかたがないので考えない。自分がコントロールできることなら、行動を起こす。行動を起こすからには全力を尽くす、と決めています。

それにもうひとつ、「命までは取られない」と開き直れば、気持ちも楽になります。

さらには、他の人も同じような気持ちだ、自分だけではないと考えれば、少しは落ち着きます。そうして、だんだん慣れていけば、緊張しなくなります。

わたしは、講演や研修はもうおそらく三千回以上、テレビ出演も数百回は間違いなくやっていますから、講演やテレビでは、いつも新鮮な気持ちで臨むように心がけていますが、緊張するということは、ふだんはありません。これは慣れの問題なのです。

「Experience is the best teacher.（経験は最高の教師）」です。

リラックスした状態であれば、自分の実力を十分に出せます。もし、それで良い結果が出なかったら、自分に実力が足りないと反省して、「発想力」をはじめとする実力を高める努力をすればいいのです。

9　すぐに書き留める

電車の中でぼーっとしているとき、テレビを観ているとき、人と話しているとき、お風呂に入っているとき、家で家事をしているとき、夜、フトンの中で……ふとした瞬間、ふとしたアイデアが浮かんでくるという経験はどなたにもあると思いますが、そんなとき、すぐにメモをとっていますか？　素晴らしいアイデアだから忘れるはずがない！　と考えがちですが、翌朝になるときれいさっぱり、なにかを思いついたということすら忘れてしまったりします。

わたしの場合は、たとえばこの本の企画をお正月、朝起きがけに突然思いつきました。そこで、すぐに起きて、寝室の隣の書斎に行ってパソコンを開け、ぱーっと構成案をあらかた書き出してしまいました。

思いついたらすぐに書き留める。この習慣はとても大事です。そのためには、いつもメモとペンを身近に置いておくことです。電車の中などでは、スマホのメモや自分宛のメールに打ち込んでもいいでしょう。

また、テレビを観たり、人と話しているときに、これは覚えておこうとか、あとで調べようと思う情報に出合うことがあったら、それもすぐに書き留めることです。人名など、これは忘れない、会社に行くまで覚えていられるなどと、自分の記憶力を過信しがちですが、メモや手帳に書き留める、あるいは、スマホですぐに検索し、ブックマークしておくなど、とにかくこまめに書き留めることをお勧めします。

とくに、アイデアを思いついたときには、ひとことでもいいからメモしておく。わたしは、常に手帳を持ち歩き、それにメモするようにしています。

10 いつも体調を整えている

何事においてもそうですが、とくに「発想力」については、体調が重要です。ルーティンワーク的なことなら体調が悪くてもできるかもしれませんが、いい発想となると、むずかしい。

わたしは夜が苦手なので、早寝早起きは自然に習慣化されています。ですから、二次会にはよほどのことがないかぎり行きません。会食は結構好きなのですが、飲み過ぎ、食べ過ぎにも注意しています。

反面、出張が多く、新幹線は年に百回以上、飛行機も六〇回は乗ります。移動は疲れませんかとよく言われますが、もともと乗り物が好きなことに加え、移動や出張に関する経費はケチらないようにしています。つまり、出張中でも熟睡できるように、新幹線はグリーン車に乗るし、ホテルも慣れたホテルにいつも泊まるようにしています。

ホテルに泊まるときには、ふだんより一時間ほど余計に睡眠時間をとるようにしています。そして、朝にはお風呂に入ったりシャワーを浴びたりして、体温を上げるように心がけています。身体を冷やさないことが大切だと思っているからです。

ほんのちょっと気を遣うだけで、体調を良い状態に保つことはだれにでもできると思います。そうして身体も精神状態も良くしておくことが、ベストな発想を引き出す前提条件になるのです。もちろん、仕事にも良いコンディションで臨めます。

11　素直で謙虚

これは、習慣といっていいのかどうか分かりませんが、やはり大切なことなので、最後はこれで締めたいと思います。

この章であげてきた、人と会うこと、いろいろな場に出かけること、新聞・テレビ・本・ネットを見ることなど、たとえ習慣化できたとしても、**会った人やものからなにかひとつでも学ぼうと思っていないかぎり、入ってくる情報をいったんは受け止めようとしないかぎり、結局なんにもなりません**。自分の考え、見方に固執し、それと違うものや人に対して批判的な態度のまま触れても、新しい発想は生まれません。

とくに、人と会う場合は、素直で謙虚でいることで、だれでも、いろいろと教えてくれるものです。そういう人とはまた会いたくなるし、人にも紹介したくなるので、どんどん人脈が広がっていきます。しかし、そうではないと、結局、人と会おうにも会う人がいなくなってしまいます。

松下幸之助さんは、人が成功するためにひとつだけ資質が必要だとしたら、それは素直さだとおっしゃいました。やはり、素直で謙虚だということが、すべての根底にあるのだと思います。心をきれいに開いていると、いろんなものが入ってきます。そして、心をきれいに開いていると、ストレートにそれが出ていきます。素直でないと、頭の中が煩わしいことに占拠されてしまうのかもしれません。

素直になるためには、常に反省が必要です。**自分が素直でいるかどうかを反省すること**で、**素直な自分に近づいていける、**とわたしは思っています。これも、自分を高めるための習慣です。

良い習慣を持つことが、成功への大きなポイントです。

第４章のまとめ――発想力を高める習慣とは……

1. 旅行にかぎらず、ふだん行かないような場所に積極的に足を運ぶ
2. 先に学んで観察することで、より多く、より強くインプットする
3. 好き嫌いで決めず、多くの人に会う
4. 自分の関心の幅を、社会の関心の幅に近づける
5. お金がないからとケチらず、積極的に経験に投資する
6. 知っている道と知らない道があったら、知らない道を進む
7. フットワークを軽くして、まずはなんでもやってみる
8. いろいろな場に慣れて、リラックスできる状態をつくり出す
9. ふと浮かんできたアイデアを、すぐにメモする
10. 体調をよい状態に保ち、身体も精神状態も整えておく
11. 素直で謙虚に、心をきれいに開く

おわりに

いま、アメリカを中心に、カーシェアリングとかハウスシェアリングが流行っていて、それを仲介するプラットホームを提供する会社が成長しています。一部、タクシー業界やホテル業界と対立するほどの規模になりつつありますが、日本ではその前段階として、個人が自宅の駐車場を貸します、というのを仲介するサイトが結構人気を博しているようです。

ある人の家では、平日の朝一〇時から夕方五時までいつも駐車場が空いている。そしてもし、その情報を登録しておくと、借りたい人がカードで決済して使ってくれるとしたら。これは、いわば眠っている資源の有効活用であり、とても有難い仕組みです。

この発想の延長で、車を貸し借りしたり、家をホテル代わりに貸し借りしたり、さらには、自分と車が空いている時間をネットに掲載しておいて、その時間で車に乗りたい人がいたら、タクシー代わりに乗せてあげるというサービスが生まれてきています。

アメリカのウーバーという会社が有名で、アメリカやヨーロッパではタクシー業界の人たちの大きな脅威となっているほどですし、日本では、二〇二〇年のオリンピックの際に予想される旅館・ホテル不足に向けて、素人が自宅を旅館代わりに貸すことの是非がいまから議論に上り始めています。

さらに、これらの延長線上で、もうひとつ画期的なことがあります。それは、「自分の時間を貸します」というサービスです。具体的には、スキルのある人が、勤務時間が終わったあと、三〇分いくらでその専門のスキルを生かした相談に応じるといったことです。たとえば、広告マンが三〇分二五〇〇円でネーミングを手伝います、とか。

もちろん、これもネット上での仕組みですが、なかにはそのギャラの一〇%までを任意で慈善団体に寄付してくれるところまであります。そうなると、空き時間を使って、自分のスキルを活用し、お金が得られるだけでなく、一部、社会貢献活動までできるという話になります。

これらは、空いている時間、空いているスペース、空いている車、空いているものならなんでも、とにかく突き詰めて考え続けていくなかで生まれてきたサービスです。

これらが広がっていくと、多くの人の生き方が変わるんじゃないかなと、ふと思いました。ダラッとしている、ボーッとしている、そんなものとは真逆の発想で、遊ばせておくということとの真逆の在り方です。

そういう意味では、このネット時代の、こういうビジネスモデルというのは、多くの人たちの生き方というか、考え方そのものを変えるのではないかなと思います。

これらの仕組みは、お分かりのように、すべてインターネットというインフラの上に成り立っています。そういう意味では、インターネットの出現が、できることをさらに増やし、さらに新たな発想を生み、世のなかを大きく変えていっているということを実感します。そして今後も、いまわたしたちが思いつかないような新しいテクノロジーが、新たなビジネスや生き方を生んでいくことでしょう。

そう考えれば、この先、ますます「発想力」が必要とされる社会となることは明らかです。そして、そういう社会では、ユニークなアイデアを実行に移す人と、その利便性を享受する一方で自分自身の差別化がむずかしくなる人との二極化がさらに進んでいくことになります。

読者のみなさまが、本書をきっかけに、「発想力」をより高め、ユニークなアイデアを実行に移し、自分の仕事や人生だけでなく、多くの人たちの生活を豊かにする人になっていただければ、著者としてこれ以上の喜びはありません。

最後に、本書の作成にあたり、これまでの著作同様、ディスカヴァー・トゥエンティワンの干場弓子社長にはたいへんお世話になりました。彼女のおかげでこの本がここまで仕上がったことは間違いありません。この場を借りて心よりお礼申し上げます。

二〇一五年五月

小宮一慶

ディスカヴァー携書
143

ビジネスマンのための「発想力」養成講座

発行日　2015年5月30日　第1刷
2015年6月20日　第3刷

Author　小宮一慶

Book Designer　遠藤陽一（DESIGN WORKSHOP JIN, Inc.）

Illustrator　朝日メディアインターナショナル株式会社

Publication　株式会社ディスカヴァー・トゥエンティワン
〒102-0093　東京都千代田区平河町2-16-1 平河町森タワー11F
TEL　03-3237-8321（代表）
FAX　03-3237-8323　http://www.d21.co.jp

Publisher　干場弓子

Editor　干場弓子＋堀部直人

Marketing Group Staff
小田孝文　中澤泰宏　片平美恵子　吉澤道子　井筒浩
小関勝則　千葉潤子　飯田智樹　佐藤昌幸　谷口奈緒美
山中麻吏　西川なつか　古矢薫　伊藤利文　米山健一
原大士　郭迪　松原史与志　蛯原昇　中山大祐　林拓馬
安永智洋　鍋田匠伴　榊原僚　佐竹祐哉　塔下太朗
廣内悠理　安達情未　伊東佑真　梅本翔太　奥田千晶
田中姫菜　橋本莉奈　川島理　倉田華　牧野類　渡辺基志

Assistant Staff
俵敬子　町田加奈子　丸山香織　小林里美　井澤徳子
橋詰悠子　藤井多穂子　藤井かおり　葛目美枝子
竹内恵子　清水有基栄　小松里絵　川井栄子　伊藤由美
伊藤香　阿部薫　常徳すみ　三塚ゆり子　イエン・サムハマ

Operation Group Staff
松尾幸政　田中亜紀　中村郁子　福永友紀　山﨑あゆみ
杉田彰子

Productive Group Staff
藤田浩芳　千葉正幸　原典宏　林秀樹　三谷祐一
石橋和佳　大山聡子　大竹朝子　井上慎平　松石悠
木下智尋　伍佳妮　張俊崴

Proofreader　株式会社文字工房燦光

DTP　アーティザンカンパニー株式会社

Printing　共同印刷株式会社

ISBN978-4-7993-1673-3

携書フォーマット：長坂勇司